Handwerk der Psychotherapie
Band 5

Handwerk der Psychotherapie

herausgegeben und begründet von

Steffen Fliegel, Münster
Arist von Schlippe, Osnabrück/Witten
Ulrich Streeck, Göttingen

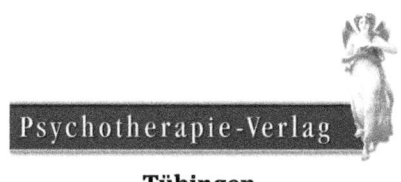

Psychotherapie-Verlag
Tübingen

Thomas Köhler

Psycho-
pharmako-
therapie

herausgegeben
von
Ulrich Streeck

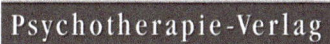
Psychotherapie-Verlag

Tübingen
2015

Kontaktadresse

Prof. Dr. Dr. Thomas Köhler
Helmut-Schmidt-Universität der Bundeswehr Hamburg
Holstenhofweg 85
22043 Hamburg

E-Mail: thomas.koehler@uni-hamburg.de
koehlert@hsu-hh.de

Bibliografische Information der Deutschen Nationalbibliothek
Die Deutsche Nationalbibliothek verzeichnet diese Publikation in der Deutschen Nationalbibliografie; detaillierte bibliografische Daten sind im Internet über http://dnb.d-nb.de abrufbar.

© 2015 Psychotherapie-Verlag
Hechinger Straße 203
72072 Tübingen

E-Mail: mail@psychotherapie-verlag.com
Internet: www.psychotherapie-verlag.com

Umschlag: Winkler_Design, Tübingen
Gestaltung & Satz: Julia Franke, Tübingen
Druck und Bindung: CPI books GmbH, Leck

ISBN 978-3-86333-005-7

Inhalt

Geleitwort von Ulrich Streeck 8

Vorwort 10

1 Einige Beispiele aus der Praxis 13

2 Grundlagen und Grundannahmen der Psychopharmakotherapie 17
2.1 Synaptische Übertragung und ihre Beeinflussung;
psychische Störungen und gestörte synaptische Prozesse 17
    2.1.1 Die synaptische Übertragung 17
    2.1.2 Beeinflussung der synaptischen Übertragung 19
    2.1.3 Psychische Störungen und gestörte synaptische Prozesse 20
2.2 Einzelne Transmitter: Struktur, Synthese, Abbau
und ihre Bedeutung für psychische Störungen 21
    2.2.1 Aminosäuretransmitter: Glutamat, GABA 21
    2.2.2 Monoamintransmitter: Dopamin, Noradrenalin, Serotonin 22
    2.2.3 Acetylcholin 27
    2.2.4 Neuropeptidtransmitter und die endogenen Opioide 28

3 Praxis der Psychopharmakotherapie 31
3.1 Neuroleptika (Antipsychotika) 31
    3.1.1 Historische Vorbemerkungen 31
    3.1.2 Wirkungen, Wirkmechanismen und Nebenwirkungen 32
    3.1.3 Indikationen 38
3.2 Antidepressiva 39
    3.2.1 Allgemeines, Historisches, Einteilung 39
    3.2.2 Wirkungen, Wirkmechanismen und Nebenwirkungen 41
    3.2.3 Indikationen 50

- 3.3 Substanzen zur Prophylaxe affektiver und zur Behandlung manischer Episoden ... 51
- 3.4 Anxiolytika, Sedativa und Hypnotika ... 55
  - 3.4.1 Definitionen; Überblick ... 55
  - 3.4.2 Benzodiazepine ... 58
  - 3.4.3 Weitere Anxiolytika: Betablocker, Buspiron, Pregabalin ... 62
  - 3.4.4 Pflanzliche Präparate ... 63
  - 3.4.5 Andere Hypnotika ... 64
- 3.5 Medikamente zur Behandlung demenzieller Syndrome (Antidementiva, Nootropika) ... 65
  - 3.5.1 Definitionen; Überblick ... 65
  - 3.5.2 Nootropika ohne wesentliche Wirkung auf die Acetylcholinesterase ... 67
  - 3.5.3 Acetylcholinesterasehemmer ... 67
  - 3.5.4 NMDA-Antagonisten ... 69
- 3.6 Medikamente zur Behandlung substanzbedingter Störungen ... 69
  - 3.6.1 Überblick ... 69
  - 3.6.2 Medikamente zur Behandlung von Entzugssymptomatik (Entgiftungsmittel) ... 70
  - 3.6.3 Entwöhnungsmittel ... 72
  - 3.6.4 Substitutionsmittel ... 74
- 3.7 Psychostimulanzien ... 75

4 Pharmakologische Behandlung psychischer Störungen und deren Wirksamkeit ... 79

- 4.1 Vorbemerkungen ... 79
- 4.2 Demenzen ... 79
- 4.3 Störungen durch psychotrope Substanzen ... 83
- 4.4 Schizophrenie ... 85
- 4.5 Schizoaffektive Störungen ... 89
- 4.6 Affektive Störungen ... 90
- 4.7 Angststörungen ... 98
  - 4.7.1 Überblick über die pharmakologische Behandlung ... 98
  - 4.7.2 Phobien ... 99
  - 4.7.3 Panikstörung ... 99
  - 4.7.4 Generalisierte Angststörung ... 100
  - 4.7.5 Posttraumatische Belastungsstörung ... 101
- 4.8 Zwangsstörung ... 102

4.9	Anorexia nervosa und Bulimia nervosa	104
4.10	Schlafstörungen	106
4.11	Sexuelle Funktionsstörungen	107
4.12	Persönlichkeitsstörungen	108
	4.12.1 Schizotypische Persönlichkeitsstörung (Schizotypie)	109
	4.12.2 Borderline-Persönlichkeitsstörung	110
	4.12.3 Dissoziale (antisoziale) Persönlichkeitsstörung	111
4.13	Spielsucht	112
4.14	Psychische Störungen im Kindes- und Jugendalter	113
	4.14.1 Frühkindlicher Autismus	113
	4.14.2 Aufmerksamkeitsdefizit-Hyperaktivitätsstörung (ADHS; ADHD)	114

5 Pharmakotherapie und Psychotherapie — 119

6 Weiterführende Literatur — 125

7 Literatur — 127

8 Sachregister — 133

9 Verzeichnis von Pharmaka und Handelsnamen — 143

Geleitwort des Buchherausgebers

‚Psychopharmakotherapie' in der Reihe *Handwerk der Psychotherapie*?

Zweifellos ist *Psychopharmakotherapie* kein Band, den irgendjemand zur Hand nehmen und von Anfang bis Ende durcharbeiten würde. Dazu ist der Stoff, den der Band bietet, zu diffizil und zu komplex. Auf der anderen Seite adressiert sich *Psychopharmakotherapie* aber auch nicht an Fachleute auf dem Gebiet der medikamentösen Behandlung psychischer Störungen. Der Band, den Thomas Köhler, ein exzellenter Kenner seines Gebietes, als Arzt und Psychologe an der Bundeswehr-Universität Hamburg und Universität Hamburg forschend und lehrend in der Psychologie tätig, für die Handwerksreihe verfasst hat, ist genau dazwischen angesiedelt: Auf der einen Seite vermittelt *Psychopharmakotherapie* spezialisiertes Wissen auf hohem fachlichen Niveau, auf der anderen Seite versteht Köhler es, kompliziertes naturwissenschaftliches Fachwissen konzentriert darzulegen. Auch der psychopharmakologische Laie wird gerne nach seinem Band greifen, um sich darüber zu informieren, was es eigentlich mit der Substanz auf sich hat, die als Medikament einzunehmen dem Patienten angeraten wurde, der zu ihm in psychotherapeutische Behandlung kommt oder schon ist.

An den Anfang stellt der Autor kurze Fallbeispiele von Patienten mit Störungen, bei denen die Behandlung mit Psychopharmaka parallel zur psychotherapeutischen oder sozialtherapeutischen Behandlung nicht nur naheliegend, sondern unter Umständen sogar unverzichtbar ist. Im Anschluss daran werden Grundannahmen der Psychopharmakotherapie erläutert. Ausgehend von der These, dass bei psychischen Störungen auch synaptische Übertragungsprozesse gestört sind, stellt Köhler die Wirkung extern zugeführter Substanzen in einer Weise dar, die auch für den Laien verständlich ist. In den beiden folgenden Kapiteln werden zuerst die verschiedenen Substanzgruppen – Neuroleptika, Antidepressiva, Anxiolytika, Antidementiva sowie Medikamente, die bei substanzbedingten Störungen einge-

Geleitwort von Ulrich Streeck

setzt werden – charakterisiert, während im nachfolgenden Kapitel die pharmakologische Behandlung der verschiedenen Störungen im Vordergrund steht – von Demenzen über Angst- und Zwangsstörungen bis hin zu Persönlichkeitsstörungen und psychischen Störungen bei Kindern und Jugendlichen. In einem kurz gefassten abschließenden Kapitel greift der Autor die anfangs geschilderten Fallvignetten noch einmal auf, um daran zu zeigen, wie dort Pharmakotherapie und Psychotherapie Hand in Hand arbeiten können. Ein abschließendes detailliertes Sachregister und selbst noch eine so nüchterne Liste wie das Verzeichnis von Medikamenten und Handelsnamen können dem Psychotherapeuten, der sich rasch und in knapper Form informieren und orientieren möchte, eine wertvolle Hilfe sein.

Thomas Köhlers *Psychopharmakotherapie* bietet sich nicht nur für Psychologen an, die psychotherapeutisch oder in der Psychiatrie tätig sind. Auch Mediziner, etwa Ärzte, die den Schwerpunkt ihrer Arbeit ganz auf das psychotherapeutische oder psychosomatische Fachgebiet verlagert haben und deren psychopharmakologische Kenntnisse mit der Zeit unvermeidlich geringer werden, finden in dem Band ein ansprechendes Hilfsmittel, um sich rasch, in knapper Form und zugleich auf hohem fachlichen Niveau zu informieren und ihre Kenntnisse aufzufrischen.

Göttingen, im Januar 2015   *Ulrich Streeck*

Vorwort

Obwohl bereits einige Arbeiten zur Psychopharmakotherapie von mir existieren, insbesondere das im Pabst-Verlag mittlerweile in fünfter Auflage vorliegende Buch *Pharmakotherapie in der Psychotherapie – ein Kompendium für Psychologen und psychologische Psychotherapeuten,* bin ich gerne der Aufforderung der Herausgeber gefolgt, eine kleine Schrift ähnlichen Themas in der *Reihe Handwerk der Psychotherapie* zu platzieren. Grund ist, dass die in einigen Sammelbänden erschienenen, von mir verfassten Beiträge notgedrungen kurz sind und wenig praktische Hinweise liefern; andererseits geht das erwähnte Buch im Pabst-Verlag auch genau auf Einzelheiten der Wirkmechanismen und grundsätzlichere Sachverhalte ein – etwa den Bau des vegetativen Nervensystems, um die teils sehr ernsten internistischen Nebenwirkungen der Psychopharmaka begreiflich zu machen. Diese Monografie, die ich mit schöner Regelmäßigkeit alle zwei bis drei Jahre auf den aktuellen Stand bringe, ist daher eher theoretisch ausgerichtet und wendet sich v. a. an die HörerInnen meiner Vorlesungen zur Psychopharmakologie sowie AusbildungskandidatInnen, die sich der Approbationsprüfung nach dem Psychotherapeutengesetz unterziehen müssen. Bereits praktisch tätige und insofern oft mit wenig Zeit gesegnete Personen oder Interessierte aus anderen Bereichen könnten sich eine knappere Zusammenstellung wünschen und wollen sicher auch nicht jede einzelne Aussage mit einer Vielzahl von Quellen belegt haben.

Diesem Wunsch soll mit dem vorliegenden Beitrag Rechnung getragen werden. Vorgestellt werden auch hier die wichtigsten Psychopharmaka, ihre Indikationen, ihre vermuteten Wirkmechanismen und ihre keineswegs vernachlässigbaren Nebenwirkungen, wobei auf allzu minutiöse Details und den Text störende extensive Quellenangaben verzichtet wurde. Hierfür sei nachdrücklich auf die genannte Monographie im Pabst-Verlag verwiesen (an welche sich die vorliegende Arbeit auf weite Strecken anlehnt).

Angesichts der knappen und oft notgedrungen vereinfachenden Darstellung dürfen die Ausführungen in *keinem Fall als Anleitung für eine Behandlung mit Psychopharmaka verstanden* werden. Psychologische Psychotherapeuten sind zu Letzterer ohnehin nicht berechtigt; ärztliche Psychotherapeuten sollten sich sehr genau vor der Verordnung von Medikamenten über Nutzen und Schaden informieren, dabei auch nicht unbedingt dem jeweils aktuellen Trend unkritisch folgen – wie es meines Erachtens etwa hinsichtlich der großzügigen Anwendung atypischer Antipsychotika für alle möglichen Störungen und Lebensalter der Fall ist.

Bewusst wurde deshalb auf die Angabe von Dosierungen verzichtet, Nebenwirkungen und Kontraindikationen wurden nur unvollständig aufgeführt, Wechselwirkungen mit anderen Medikamenten so gut wie gar nicht erwähnt. Hierfür sei auf die Monographie von Benkert und Hippius (2013) verwiesen, der diese Darstellung (ebenso wie die im „Pabst-Buch") weitgehend folgt, insbesondere was die Verwendung von Handelsnamen und die Zulassungen der Medikamente für einzelne Indikationen betrifft. Zudem ist auf die Rote Liste bzw. aktuelle Produktinformationen hinzuweisen, welche den Stand jeweils am zeitnächsten wiedergeben. Wenn Substanzen vorgestellt wurden, handelt es sich häufig nur um eine Auswahl; erst recht gilt dies für einzelne Fertigpräparate, von denen keineswegs alle angeführt wurden, Generika so gut wie nie mit Angabe der Hersteller. Geschützte Warennamen werden nicht immer besonders kenntlich gemacht; aus dem Fehlen eines solchen Hinweises kann daher nicht geschlossen werden, dass es sich um einen freien Warennamen handelt.

Herrn Kollegen Streeck danke ich sehr für das Publikationsangebot, dem Psychotherapie-Verlag, speziell Frau Oswalt, sei für die gute Zusammenarbeit gedankt. Wie immer stand meine liebe Frau Carmen der Abfassung mit skeptischem Wohlwollen gegenüber.

Hamburg, im Januar 2015   *Thomas Köhler*

1

Einige Beispiele aus der Praxis

Diese sind so häufig und typisch, dass es unnötig ist, hier spezielle Fälle zu schildern. Allen psychotherapeutisch Tätigen dürften solche Störungsbilder bekannt sein:

Etwa der junge Mann (oft noch vor dem 20. Lebensjahr), der zunehmend in seinen schulischen, universitären oder beruflichen Leistungen nachlässt, allmählich seine Kontakte abbricht, zunehmendes Misstrauen zeigt, immer verschrobener wird (beispielsweise in puncto Kleidung), in eigenartiger Weise alles auf sich bezieht und von Stimmen berichtet, die ihm alle möglichen Befehle geben. Meist hat er schon Medikamente erhalten, nämlich Neuroleptika (Antipsychotika), welche er aber bald von selbst abgesetzt hat mit der Folge deutlicher Verschlimmerung.

Oder eine 45-jährige Frau, die – obwohl unter objektiv weitgehend sorgenfreien Umständen lebend – immer wieder für mehrere Monate schwer depressive Symptomatik zeigt, welche erst in der Klinik unter Medikamenten allmählich sich bessert, dann für einige Zeit sogar ganz verschwindet, allerdings immer wiederkommt, ein Verlauf, der sich oft über Jahrzehnte erstreckt und wo die Angehörigen die nicht unberechtigte Sorge haben, sie könne sich einmal „etwas antun".

Weiter der circa 35 Jahre alte Mann, der Symptome einer schweren depressiven Episode aufweist, nach einiger Zeit scheinbar geheilt aus der Klinik in seine gewohnte Umgebung zurückkehrt, sich mehr oder weniger lange unauffällig verhält, plötzlich aber zusehends Wesensveränderungen zeigt, etwa überdreht wirkt, im zwischenmenschlichen Bereich immer unerträglicher wird, große Anschaffungen tätigt, schließlich in die Klinik zurück muss (im schlimmsten Fall sogar zwangseingewiesen wird) und nun wegen einer „Manie" dort in Behandlung steht.

Stellen wir uns schließlich einen Mann vor, gerade 50 Jahre alt geworden, der seit Jahrzehnten regelmäßig Alkohol trinkt, dabei seine tägliche Konsummenge kontinuierlich gesteigert hat; konsumiert er für einige Stunden nicht, überkommt ihn eine eigenartige Nervosität und Zittrigkeit, die er schnell mit Alkoholzufuhr behebt. Trinkt er, so kennt er oft kein Maß, und mehrmals ist er bei Verkehrskontrollen durch erhöhten Alkoholspiegel am Steuer aufgefallen. Er hat deshalb bereits den Führerschein verloren, weshalb er als Busfahrer gekündigt wurde und mittlerweile eine schlechter bezahlte Stelle als ungelernte Kraft annehmen musste. Seine „Leberwerte" sind deutlich erhöht, und sein Arzt hat ihm mehrfach nachdrücklich dies und die zu erwartenden weiteren Veränderungen erklärt.

Noch ein Beispiel: Eine 78-jährige Frau, noch vor wenigen Jahren als geistig ausgesprochen leistungsfähig bekannt, zeigt zunehmende Vergesslichkeit. Nicht nur, dass sie Neues schwer behalten kann (z. B. die Namen ihrer mit schöner Regelmäßigkeit geborenen Urenkel), auch Altbekanntes geht allmählich verloren: In letzter Zeit fällt ihr oft nicht mehr der Vorname ihrer Tochter ein. Zudem trifft sie mehr und mehr Fehlentscheidungen, beispielsweise bei der Menge der vernünftigerweise zu kaufenden Wurstwaren.

Ein allerletztes Beispiel: Ein siebenjähriges Kind, typischerweise männlich, fällt seit Längerem in der Schule durch störendes Verhalten auf: Es passt im Unterricht nicht auf, spricht ungefragt, steht häufig unerlaubt auf, hält Mitschüler von der Arbeit ab; zu den Lehrern ist es auffällig distanzlos. Dieses Verhalten zeigt sich schon mehrere Jahre, hat sich aber jetzt erheblich verschlechtert, sodass seine schulischen Leistungen weit unter dem liegen, was Eltern und Lehrer erwarten.

Alle diese Personen haben gemeinsam, dass sie an schweren, in aller Regel nicht nur auf kurze Zeit beschränkten psychischen Störungen leiden – der erste Patient an Schizophrenie (nach den vorhandenen Angaben wohl der paranoiden Unterform); die zweite Person an einer rezidivierenden depressiven Störung; die dritte weist eine bipolare Störung auf (ist „manisch-depressiv"); der 50-jährige Mann des vierten Beispiels erfüllt eindeutig die Kriterien des Alkoholabhängigkeitssyndroms; die alte Dame leidet mutmaßlich an einer Demenz vom Alzheimer-Typus und der siebenjährige Knabe an ADHS. Gemeinsam ist ihnen weiter, dass die genannten Störungen in aller Regel nicht psychotherapeutisch allein wirksam behandelt werden können, sondern dass die Gabe von Psychopharmaka mehr oder weniger unerlässlich ist (bei der erstgenannten Person Antipsychotika, bei der zweiten Patientin Antidepressiva, beim „bipolar Gestörten" Stimmungsstabilisierer, beim „Alkoholabhängigen" zunächst Entgiftungs-, dann „Anti-Craving"-Mittel, bei der Alzheimer-Patientin Antidementiva, beim „ADHS-Kind" Psychostimulanzien wie Methylphenidat – und dies für viele Monate, oft Jahre bis Jahrzehnte.

Grundlagen und Grundannahmen der Psychopharmakotherapie

2.1 Synaptische Übertragung und ihre Beeinflussung; psychische Störungen und gestörte synaptische Prozesse

2.1.1 Die synaptische Übertragung

Eine wenig strittige Grundannahme geht davon aus, dass beim Menschen die Erregungsübertragung zwischen den Nervenzellen (Neuronen) ebenso wie die Übertragung von Neuronen auf andere Zellen (etwa Muskelzellen, Drüsenzellen) im Wesentlichen chemisch geschieht. Wir beschränken uns hier auf die Übertragung zwischen Nervenzellen. Im zuerst erregten Neuron (dem präsynaptischen) läuft das „Aktionspotential" bis ans stark verzweigte Ende der Zelle zu den „Endknöpfchen", welche Neurotransmitter (kürzer: Transmitter, oft auch als Botenstoffe bezeichnet) ausschütten; diese überqueren den schmalen synaptischen Spalt, setzen sich – angesichts der Kürze des Prozesses wohl nur zu einem gewissen Prozentsatz – an sogenannte Rezeptoren im zu erregenden (dem postsynaptischen) Neuron und leiten dort (über Öffnung von Ionenkanälen) elektrische Prozesse ein. Diese können zwar für sich allein noch keine Feuerung im postsynaptischen Neuron erzeugen. Allerdings wird Letzteres von Abertausenden Endknöpfchen präsynaptischer Neurone erreicht, die mehr oder weniger zeitgleich ihre Transmitter ausschütten, sodass durch Summation der elektrischen Impulse von Zeit zu Zeit – in Wirklichkeit natürlich extrem häufig – im postsynaptischen Neuron auf komplizierten Wegen ein „Aktionspotential" entsteht und weitergeleitet wird.

Unerlässlich für das Verständnis des Weiteren ist, dass die Transmittermoleküle an den Rezeptoren nur sehr kurz andocken (mit ihnen keineswegs eine unauflösliche Verbindung eingehen, schon gar nicht von den Rezeptoren verschluckt werden und ins postsynaptische Neuron gelangen – wie es offenbar nicht wenige Personen falsch gelernt haben und mit dieser irrigen Vorstellung die weiteren Sachverhalte nie wirklich verstehen können). Wichtig ist zudem, dass ein Neuron an sämtlichen seiner Endknöpfchen nur einen einzigen Transmitter ausschüttet – genauer gesagt: nur einen einzigen niedrigmolekularen.

Nach dem von ihnen zur Ausschüttung benutzten Transmitter lassen sich die Nervenzellen sinnvoll klassifizieren: So benutzen dopaminerge Neurone den Transmitter Dopamin, GABAerge den Neurotransmitter GABA, serotonerge als Botenstoff Serotonin; die mittels Acetylcholin übertragenden Neurone werden ungenau, aber nicht missverständlich „cholinerge" Neurone genannt.

Den Endknöpfchen beispielsweise dopaminerger Neurone müssen sinnvollerweise Rezeptoren an der postsynaptischen Membran gegenüberstehen, an denen Dopamin andocken kann und zu den erwähnten elektrischen Veränderungen führt. Solche Dopaminrezeptoren sprechen einzig und allein auf den Transmitter Dopamin an, GABA-Rezeptoren lediglich auf den Botenstoff GABA usw. – hier sei schon kurz erwähnt, dass zuweilen auch exogene, d. h. von außen eingebrachte Stoffe an die Rezeptoren binden können und ähnliche Effekte hervorrufen wie der eigentliche Transmitter. Um ein bekanntes Beispiel zu geben: So dockt Nikotin an einem bestimmten Typus von Acetylcholinrezeptoren an und wirkt ähnlich wie der Neurotransmitter Acetylcholin.

Von jedem bislang bekannten Rezeptor gibt es – wenigstens nach gegenwärtigen Erkenntnissen – mehrere Subtypen: Sie haben alle gemeinsam, dass der zugehörige Transmitter an ihnen Wirkung entfalten kann; hinsichtlich anderer Eigenschaften sind sie jedoch verschieden. Um das obige Beispiel aufzugreifen: Am nikotinergen Acetylcholinrezeptor übt nicht nur Acetylcholin eine Wirkung aus, sondern auch Nikotin (nicht aber Muskarin); hingegen ist der muskarinerge Acetylcholinrezeptor sowohl durch Acetylcholin wie Muskarin (eine der Substanzen im Fliegenpilz) zu stimulieren, nicht jedoch durch Nikotin. Von den Rezeptoren für GABA kennt man zwei (vielleicht sogar drei) Grundtypen, von den Dopaminrezeptoren augenblicklich deren fünf, (D_1–D_5 bezeichnet).

Da die Transmittermoleküle in kurzen Abständen aus dem präsynaptischen Neuron freigesetzt werden, müssen sie schnell wieder aus dem synaptischen Spalt verschwinden. Dies geschieht bei den meisten Transmittern, insbesondere auch den biopsychologisch sehr bedeutsamen Monoamintransmittern Dopamin, Noradrenalin und Serotonin, (im Wesentlichen) durch einen aktiven (pharmakologisch gut zu beeinflussenden) Wiederaufnahmevorgang (Reuptake) mittels sogenannter Carrierproteine = Transporterproteine = Transporter. Die in die präsynaptische Zelle zurückgeholten Transmittermoleküle werden dann entweder wieder in

"Vesikel" verpackt und bei einem der nächsten Aktionspotentiale erneut in den synaptischen Spalt entleert oder – bei Überangebot – präsynaptisch abgebaut.

Vornehmlich durch aktives Reuptake geschieht nach gegenwärtigen Erkenntnissen auch die Inaktivierung der Aminosäuretransmitter GABA und Glutamat; daneben dürfte Diffusion aus dem synaptischen Spalt eine gewisse Rolle spielen.

Bei Acetylcholin geschieht die Inaktivierung auf andere Weise, nämlich durch enzymatische Zerlegung innerhalb des Spaltes. Das Enzym Acetylcholinesterase spaltet den Botenstoff in seine Ausgangsprodukte Essigsäure und Cholin, welche in die präsynaptische Zelle zurückdiffundieren und dort wieder zu Acetylcholin zusammengesetzt werden. Enzymatisch zerlegt im Spalt werden auch die Neuropeptidtransmitter.

2.1.2 Beeinflussung der synaptischen Übertragung

Die zweite Grundannahme ist, dass die Vorgänge an Synapsen durch extern zugeführte Stoffe beeinflusst werden können. Dies tun nicht nur die meisten „Rauschdrogen"; insbesondere die Psychopharmaka wirken, indem sie die Erregungsübertragung an Synapsen zwischen Nervenzellen (Neuronen) beeinflussen. So blockieren die vornehmlich zur Behandlung der produktiven Schizophreniesymptome eingesetzten Neuroleptika (wie etwa Haloperidol) die Rezeptoren am nachgeschalteten Neuron (die postsynaptischen Rezeptoren), sodass die Übertragung abgeschwächt wird; die häufig bei Angstsymptomatik verordneten Benzodiazepine (wie Diazepam [z. B. Valium®]) machen im Gegenteil einen bestimmten Rezeptor für den hemmenden Transmitter GABA empfindlicher. Die trizyklischen Antidepressiva, etwa Amitriptylin, erhöhen – über Blockade der Carrierproteine für Noradrenalin und Serotonin – die Konzentration dieser Botenstoffe im synaptischen Spalt und führen damit (mutmaßlich) langfristig zu Veränderungen postsynaptischer Rezeptoren.

Zwei Begriffe sind in diesem Zusammenhang von zentraler Bedeutung: Eine Substanz wirkt *agonistisch* bei einer synaptischen Übertragung (ist dort *Agonist*), wenn sie diese verstärkt, *antagonistisch*, falls sie die Übertragung schwächt.

So sind Amphetamin und Methamphetamin Noradrenalinagonisten, weil sie diesen Transmitter vermehrt aus dem präsynaptischen Neuron freisetzen; Betablocker, die bestimmte postsynaptische Noradrenalinrezeptoren blockieren – und damit die Andockung dieses Transmitters verhindern –, sind Noradrenalinantagonisten.

Agonismus ist auf verschiedene Weise möglich. So fördert die Vorstufe L-Dopa die Bildung von Dopamin im präsynaptischen Neuron und wird deshalb zur Behandlung der durch Dopaminmangel charakterisierten Parkinson-Krankheit eingesetzt. Amphetamin und Methamphetamin setzen – neben Noradrenalin – den Neurotransmitter Dopamin in den synaptischen Spalt frei und sind somit auch Dopaminagonisten. Kokain und Methylphenidat (z. B. Ritalin®) blockieren die Carrierproteine für Dopamin, verhindern damit dessen Rücktransport ins präsynaptische Neuron (Reuptake-Hemmung) und sorgen dafür, dass die Transmittermoleküle länger im synaptischen Spalt verbleiben – somit größere Chancen haben, an den postsynaptischen Rezeptoren anzudocken. Bromocriptin (z. B. Pravidel®) stimuliert – hierbei wie Dopamin wirkend – postsynaptische Dopaminrezeptoren des Typs D_2 und ist daher ebenfalls ein Dopaminagonist. Die GABA-agonistischen Benzodiazepine erhöhen die Empfindlichkeit postsynaptischer $GABA_A$-Rezeptoren.

Für antagonistische Wirkungen gibt es weniger Möglichkeiten. Am wichtigsten ist die Blockade postsynaptischer Rezeptoren, wie es die Neuroleptika (Antipsychotika) an bestimmten Typen von Dopaminrezeptoren leisten, die Anticholinergika an muskarinergen Acetylcholinrezeptoren, die erwähnten Betablocker an bestimmten Noradrenalinbindungsstellen.

2.1.3 Psychische Störungen und gestörte synaptische Prozesse

Die dritte Grundannahme – sie wird nicht unbedingt allgemeinen Konsens finden – ist folgende: Soweit bekannt, dürften bei allen psychischen Störungen synaptische Veränderungen vorliegen. Dies schließt keineswegs eine Psychogenese dieser Störungen aus: Durch Verdrängungen, Konditionierungen, psychische Traumata, veränderte Kognitionen usw. könnten sich durchaus Veränderungen an Synapsen ergeben, die sich durch psychotherapeutische Methoden eventuell rückgängig machen lassen, welche aber ebenso – möglicherweise nicht unbedingt kausal wirkend, gleichwohl effizient und vergleichsweise schnell – durch Psychopharmaka beeinflusst werden können. Freud, dem man keineswegs Feindseligkeit gegenüber Psychotherapie zur Last legen kann, schreibt immerhin in seinem unvollendeten *Abriss der Psychoanalyse*:

> Die Zukunft mag uns lehren, mit besonderen chemischen Stoffen die Energiemengen und deren Verteilungen im psychischen Apparat direkt zu beeinflussen. […]; vorläufig steht uns nichts Besseres zu Gebote als die psychoanalytische Technik, und darum sollte man sie trotz ihrer Beschränkungen nicht verachten. (zitiert nach Köhler, 2014d, S. 624)

2.2 Einzelne Transmitter: Struktur, Synthese, Abbau und ihre Bedeutung für psychische Störungen

2.2.1 Aminosäuretransmitter: Glutamat, GABA

Biopsychologisch und psychopharmakologisch bedeutsam in dieser Gruppe sind – neben dem zunehmend Interesse erlangenden Glycin – Glutamat und GABA.

Glutamat wird teilweise im Körper synthetisiert, teils direkt mit der Nahrung aufgenommen und gelangt bei entsprechend angereicherter Kost, wenigstens bei vielen Personen, rasch an seine zentralnervösen Wirkungsorte – man denke an den nicht ganz seltenen Glutamatkopfschmerz nach Essen in chinesischen Restaurants; auch passagere neurologische Symptome werden beschrieben. Inaktiviert wird Glutamat durch Reuptake sowie Diffusion aus dem synaptischen Spalt, worauf es von Nerven- oder Gliazellen aufgenommen werden kann.

Glutamat ist ein erregender Transmitter, d. h. Besetzung seiner Bindungsstellen führt in deren Umgebung stets zur Depolarisation – womit sich die Wahrscheinlichkeit der Bildung eines Aktionspotentials in der postsynaptischen Zelle erhöht. Von den Glutamatrezeptoren ist der NMDA-Rezeptor (so genannt, weil auch durch N-Methyl-D-Aspartat zu stimulieren) der wohl wichtigste, auf jeden Fall aber der am eingehendsten studierte. Das glutamaterge System (also die Gesamtheit der Glutamat als Botenstoff benutzenden Neurone) spielt u. a. eine bedeutende Rolle bei kognitiven Prozessen, speziell bei der Speicherung von Gedächtnisinhalten; so werden die nach stärkerem Alkoholgenuss zuweilen auftretenden Gedächtnisstörungen („Filmrisse", „Black-outs") auf Blockade von NMDA-Rezeptoren durch Ethanol zurückgeführt (s. dazu Köhler, 2014b, S. 46f. und die dort angeführte Literatur); auch die sedierende Wirkung von Alkohol beruht teilweise auf diesem Effekt. Umgekehrt werden die im Rahmen des Alkoholentzugssyndroms nicht selten auftretenden epileptischen Anfälle auf Stimulierung der durch langjährigen Konsum dieser Substanz vermehrten (bzw. sensibilisierten) und nun nicht mehr blockierten NMDA-Rezeptoren zurückgeführt. Mittlerweile schreibt man dem glutamatergen System und speziell dem NMDA-Rezeptor auch eine wichtige Bedeutung für die Pathogenese der Schizophrenie zu, speziell der Negativsymptomatik (sogenannte Glutamathypothese der Schizophrenie, s. Köhler, 2014a, S. 116). Offenbar spielt das System auch im Rahmen depressiver Störungen eine nicht geringe Rolle, da solche Symptome zuweilen eindrucksvoll durch NMDA-Blocker wie Ketamin aufgehoben werden können (Pilc, Wierońska & Skolnick, 2013).

GABA (gamma-Aminobuttersäure; engl. gamma-amino butyric acid) ist der wichtigste hemmende Transmitter. Synthetisiert wird es aus Glutamat. Inaktivierung geschieht durch Diffusion aus dem Spalt und Aufnahme in Neuronen und Gliazellen; auch Reuptake mittels eines spezifischen Carrierproteins ist nachgewiesen.

Man unterscheidet mehrere Typen von GABA-Bindungsstellen, den weniger gut untersuchten $GABA_B$-Rezeptor und den $GABA_A$-Rezeptor, der in seiner Struktur weitgehend aufgeklärt werden konnte und eine Reihe pharmakologischer Effekte verständlich macht – auch die Existenz eines $GABA_C$-Rezeptors wird diskutiert; er könnte allerdings mit dem $GABA_A$-Rezeptor identisch sein. Letzterer kontrolliert einen Chloridkanal, bei dessen Öffnung (nach Besetzung der Bindungsstellen für GABA) sich die Wahrscheinlichkeit für die Ausbildung eines Aktionspotentials in der postsynaptischen Nervenzelle vermindert. Um diesen Kanal sind fünf Proteineinheiten angeordnet. Vereinfacht dargestellt, sind zwei davon Rezeptoren für GABA. An zwei weitere Bindungsstellen können sich Benzodiazepine, also Beruhigungsmittel wie Diazepam (z. B. Valium®), anlagern und Wirkung entfalten; sie werden deshalb Benzodiazepinrezeptoren genannt. Ihre Besetzung führt zur Sensibilisierung der GABA-Bindungsstellen. An der fünften Proteineinheit können Barbiturate (früher sehr gebräuchliche Schlafmittel) andocken, mit gewisser Wahrscheinlichkeit auch Alkohol. Das ganze Gebilde trägt auch die Bezeichnung $GABA_A$-Benzodiazepinrezeptor-Komplex.

Die Bedeutung des GABAergen Systems für psychische Störungen ist nur bedingt klar; diskutiert wird eine Verminderung von GABA-Bindungsstellen oder Benzodiazepinrezeptoren im Rahmen von Angstkrankheiten. Gesichert ist, dass die Benzodiazepine ihre sedierend-anxiolytische Wirkung weitgehend oder sogar ausschließlich durch Verstärkung der GABAergen Hemmung entfalten. Auch die sedierende Alkoholwirkung dürfte auf Effekte am $GABA_A$-Benzodiazepinrezeptor-Komplex zurückzuführen sein (neben der oben erwähnten Blockade des NMDA-Rezeptors für Glutamat).

2.2.2 Monoamintransmitter: Dopamin, Noradrenalin, Serotonin

Allgemeines
Monoamine (biogene Amine) sind Substanzen, welche aus Aminosäuren gebildet werden und deshalb eine Aminogruppe enthalten. Zu den biogenen Aminen gehört u. a. Histamin, das aus der Aminosäure Histidin entsteht und Bedeutung sowohl als Gewebshormon wie als Neurotransmitter hat. Ein weiteres biogenes Amin ist Tyramin, dessen Rolle noch weitgehend unklar ist. Höhere Tyraminkonzentrationen

2.2 Einzelne Transmitter

im Körper bei Störung des Abbaus können zu schweren Kreislauf-Reaktionen führen, was strenge diätetische Einschränkungen bei der Einnahme der ersten Generation von MAO-Hemmern erforderlich macht (welche u. a. den Tyraminabbau beeinträchtigen).

Von besonderer Bedeutung sind die als Neurotransmitter fungierenden Monoamine Dopamin, Noradrenalin – weniger wohl Adrenalin – sowie Serotonin. Die ersten drei Stoffe leiten sich von der Aminosäure L-Tyrosin ab, enthalten einen Sechser-Ring und werden als Katecholamine zusammengefasst. Serotonin (5-Hydroxy-Tryptamin, 5-HT), welches aus L-Tryptophan synthetisiert wird, zählt hingegen zu den Indolamintransmittern; charakteristisch ist für diese ein Indolring (kombinierter Sechser- und Fünferring). Monoamine passieren – obwohl kleiner als Aminosäuren – nicht die Blut-Hirn-Schranke (sind nicht „liquorgängig") und können daher bei Mangelzuständen (wie bei der Parkinson-Krankheit) nicht einfach oral oder parenteral verabreicht werden. Gegeben werden daher Vorstufen wie L-Dopa, welches ins Hirngewebe gelangt, wo es schließlich in Dopamin umgewandelt wird.

Nach Reuptake in die präsynaptische Zelle geschieht teilweise der Abbau durch das Enzym MAO (Monoaminoxidase) mit seinen Subformen MAO-A und MAO-B. Etwas vereinfacht gesprochen, ist MAO-A vornehmlich für den Abbau von Serotonin und Noradrenalin zuständig; MAO-B baut insbesondere Dopamin ab sowie das – als Transmitter vermutlich bedeutungslose, jedoch mit der Nahrung anfallende und sehr toxische – Tyramin.

Dopamin

Dieser Transmitter leitet sich wie die anderen Katecholamine von der Aminosäure L-Tyrosin ab. In einem ersten Schritt wird an den Ring eine weitere OH-Gruppe angefügt; aus dieser L-Dopa genannten Substanz geht durch Decarboxylierung (Abspaltung einer Carboxylgruppe) Dopamin hervor.

Das in den Spalt ausgeschüttete Dopamin wird im Wesentlichen durch Reuptake inaktiviert; Carrierproteine mit Bindungsstellen für den Transmitter – auch Dopamintransporter (DT) genannt – bringen die Moleküle zurück in die präsynaptische Zelle. Auf Blockade dieser Dopaminbindungsstellen an den Transporterproteinen beruhen u. a. die Wirkungen von Kokain und des bei ADHS eingesetzten Methylphenidats (z. B. Ritalin®), welche auf diese Weise die Transmitterkonzentration im synaptischen Spalt erhöhen. Das in die präsynaptische Zelle eingeschleuste Dopamin wird entweder wieder in Vesikel verpackt oder bei Überschuss mittels MAO (und weitere Enzyme) abgebaut.

Augenblicklich kennt man fünf verschiedene Subtypen von Dopaminrezeptoren. Insbesondere die D_2- und die D_4-Rezeptoren werden für die Genese und Therapiemöglichkeiten schizophrener Symptomatik als bedeutsam erachtet. Mit großer

Wahrscheinlichkeit treten die ersteren, möglicherweise auch die letzteren im Rahmen produktiver Schizophreniesymptomatik vermehrt auf. Wie in 3.1.2 ausgeführt, blockieren die klassischen Neuroleptika, etwa Haloperidol, hauptsächlich D_2-Rezeptoren; bei den atypischen Neuroleptika ist der Sachverhalt weniger gut geklärt.

Dopamin ist generell mit psychotischer Symptomatik in Verbindung zu bringen: So werden die im Rahmen von Kokain- und Amphetaminkonsum und bei Personen unter L-Dopa-Therapie nicht selten auftretenden Halluzinationen und Wahnvorstellungen auf vermehrte Aktivität an dopaminergen Synapsen zurückgeführt; wie in 2.1.2 erläutert, erhöht Kokain durch Reuptake-Hemmung die synaptische Konzentration dieses Transmitters; Amphetamin und Methamphetamin verstärken die präsynaptische Freisetzung.

Eine weitere wichtige Bedeutung hat Dopamin bei der Erzeugung angenehmer Zustände (bei der Euphorisierung): Reizung dopaminerger Bahnen vom Mittelhirn in den Nucleus accumbens (ein kleines Kerngebiet des Endhirns) mit der Folge der Andockung von Dopamin in dieser Region führt – wie aufgrund von Tierversuchen mit intrakranieller Selbststimulation anzunehmen – zu einem Lustgefühl (weniger mentalistisch formuliert: hat verstärkende Wirkung). Zudem gibt es gute Hinweise, dass viele psychotrope Substanzen wie Nikotin oder Heroin ihre euphorisierende Wirkung dadurch entfalten, dass sie über Anlagerung an Rezeptoren im Mittelhirn die genannte Bahn aktivieren; Kokain und Amphetamine erhöhen die Dopaminkonzentration an den Synapsen des Nucleus accumbens (zu diesem „mesotelencephalen dopaminergen Belohnungssystem" s. genauer Köhler, 2010b, S. 269f. und die dort angeführte Literatur). Umgekehrt ist zu bedenken, dass Stoffe, welche – wie die Neuroleptika – Dopaminrezeptoren blockieren, die verstärkende Wirkung von Reizen aufheben bzw. generell dysphorisch machen können.

Schließlich ist von großer Bedeutung, dass Dopamin das hypothalamische Inhibiting-Hormon für das in der Hypophyse gebildete Prolactin darstellt und zudem eine erhebliche Bedeutung für die Motorik hat. Daher wird bei Blockade von Dopaminrezeptoren eine Erhöhung des Prolactinspiegels nicht selten beobachtet (mit der Folge von Brustvergrößerung, Milchfluss, Libidoabnahme und sexuellen Funktionsstörungen sowohl bei Männern wie bei Frauen); weiter sind oft beträchtliche motorische Auffälligkeiten zu beobachten.

Noradrenalin

Dieses entsteht aus Dopamin durch Anfügung einer OH-Gruppe (Hydroxylierung); das entsprechende Enzym befindet sich in noradrenergen Neuronen.

Die Inaktivierung dieses Neurotransmitters geschieht wie die der übrigen Monoamintransmitter durch Reuptake, bei Überangebot durch weiteren präsynaptischen Abbau mittels MAO (speziell die Subform MAO-A).

Die Bindungsstellen für Noradrenalin werden in α- und ß-Rezeptoren unterteilt (mit jeweils mindestens zwei Subtypen, die als $α_1$-, $α_2$-, $ß_1$- und $ß_2$-Rezeptoren bezeichnet werden). An die gleichen Rezeptoren kann auch Adrenalin andocken. Diese Bindungsstellen sitzen u. a. an vegetativen Organen und können von Noradrenalin und Adrenalin erreicht werden, welche nicht nur als Neurotransmitter fungieren, sondern auch als Hormone aus dem Nebennierenmark ausgeschüttet werden und auf dem Blutweg ihre Wirkungsorte erreichen – deswegen zeigen sich nicht selten vegetative Nebenwirkungen (beispielsweise orthostatischer, d. h. beim Aufstehen einsetzender Schwindel) unter Medikamenten, welche auf das noradrenerge System wirken.

Zudem ist Noradrenalin ein Transmitter in den absteigenden schmerzhemmenden Bahnen; Substanzen, welche den Spiegel dieses Botenstoffs erhöhen (wie beispielsweise die trizyklischen Antidepressiva), haben daher eine nicht zu unterschätzende analgetische Wirkung.

Die Bedeutung von Noradrenalin in der Pathogenese psychischer Störungen ist nur bedingt klar. Die in den 1960er-Jahren entwickelten Katecholaminmangelhypothesen gingen von einem Defizit dieses Transmitters im synaptischen Spalt bei depressiven (vorzugsweise „endogen depressiven") Störungen aus; mittlerweile wird eher allgemein eine Dysfunktion im noradrenergen System angenommen – welche nicht zuletzt auch Besonderheiten der Rezeptoren annimmt. Vertreten wird zudem die Hypothese, manische Symptomatik sei auf Überaktivität im noradrenergen System zurückzuführen, wozu die Befundlage allerdings wenig eindeutig ist; auffällig ist immerhin, dass Antidepressiva (speziell wohl jene, die den Noradrenalinspiegel erhöhen) bei bipolar gestörten Patienten das Umschlagen in eine manische Phase begünstigen.

Übermäßiges Feuern noradrenerger Neurone mit Ursprung im Locus caeruleus (coeruleus) des Hirnstamms wird auch als Grundlage der kardiovaskulären Symptomatik beim Alkoholentzugssyndrom angenommen. Spontane Überaktivität diese Kerngebiets und damit des noradrenergen Systems liegt möglicherweise auch Panikattacken zugrunde (s. Köhler, 2005, S. 173f. und die dort angeführte Literatur).

Serotonin

Ausgangsprodukt seiner Synthese ist die Aminosäure L-Tryptophan, der zunächst eine OH-Gruppe angehängt wird. Dieses 5-Hydroxy-L-Tryptophan (oder L-5-Hydroxy-Tryptophan = Oxitriptan) hat nach wie vor Aminosäureeigenschaften und ist liquorgängig; seine Einnahme ist deshalb geeignet, die Serotoninsynthese anzuregen – welche Tatsache allerdings mittlerweile kaum mehr als pharmakologisch relevant angesehen wird. Der nächste Schritt ist die Decarboxylierung zu

5-Hydroxy-Tryptamin (5-HT = Serotonin); insbesondere wenn man sich auf die Rezeptoren bezieht, stellt 5-HT in der Literatur eine sehr gebräuchliche Abkürzung für Serotonin dar.

Die Inaktivierung von Serotonin erfolgt wie die der Katecholamintransmitter durch Reuptake und gegebenenfalls präsynaptischen Abbau, dessen erster Schritt wieder durch MAO katalysiert wird, insbesondere durch die Subform MAO-A.

Ausgesprochen kompliziert sind die Verhältnisse bei den Serotonin-Bindungsstellen (üblicherweise als 5-HT-Rezeptoren abgekürzt). Man kennt augenblicklich sieben große Subtypen 5-HT_1 bis 5-HT_7, wobei vom 5-HT_1-Rezeptor noch einmal vier, vom 5-HT_2-Rezeptor drei Unterformen gefunden werden konnten. Sowohl pharmakologisch wie molekularbiologisch lassen sich zwischen ihnen erhebliche Unterschiede feststellen: Einige dieser Typen von Bindungsstellen liegen vermutlich ausschließlich präsynaptisch (sind also präsynaptische Autorezeptoren), sodass ihre Aktivierung serotoninantagonistisch, ihre Blockade serotoninagonistisch wirkt. So wird verständlich, dass Substanzen wie Buspiron, die agonistisch auf mehrere der Subtypen von Serotonin-Bindungsstellen wirken, einen komplizierten klinischen Effekt haben.

Das serotonerge System beeinflusst mit die Regulation zahlreicher Vorgänge, so des Essverhaltens, des Schlafes und – wie Noradrenalin – der Schmerzregulation. Weiter steht in Diskussion, dass durch serotonerge Neurone aggressives Verhalten gebremst wird. Möglicherweise spielt auch bei der Pathogenese der Schizophrenie das serotonerge System eine bis jetzt noch nicht genügend gewürdigte Rolle. Das dem Serotonin strukturchemisch ähnliche LSD kann nämlich psychotische Symptomatik auslösen; zudem wird als ein Wirkmechanismus von Neuroleptika (speziell von atypischen) eine Blockade von 5-HT-Bindungsstellen angenommen.

Über lange Jahre sehr verbreitet war die Serotoninmangelhypothese der Depression, welche zwar in dieser einfachen Form nicht haltbar ist. Nach wie vor ist jedoch davon auszugehen, dass als biologisches Korrelat zumindest einiger depressiver Zustände eine Dysregulation des serotonergen Systems vorliegt. Auch bei Zwangsstörungen dürfte sich dieses System nicht im physiologischen Gleichgewicht befinden; dies ist u. a. daran zu sehen, dass Substanzen, welche spezifisch auf den Serotoninhaushalt (und damit langfristig auf die Zahl oder Empfindlichkeit der Serotoninrezeptoren) wirken, nämlich das trizyklische Antidepressivum Clomipramin (z. B. Anafranil®) und die selektiven Serotonin-Wiederaufnahmehemmer, im Gegensatz zu anderen Antidepressiva, Zwangssymptomatik bessern können. Auch bei Essstörungen wie Anorexia nervosa und Bulimia nervosa werden serotonerge Dysregulationen angenommen, was insofern plausibel erscheint, als dieses Transmittersystem an der Steuerung des normalen Essverhaltens beteiligt ist.

2.2.3 Acetylcholin

Dieser Transmitter bildet chemisch eine eigene Kategorie. Er wird in den Neuronen aus Cholin (aufgenommen mit der Nahrung in Form von Lecithin) und aktivierter Essigsäure (Acetyl-Coenzym A) synthetisiert; Letztere fällt laufend als Stoffwechselprodukt im Körper an.

Acetylcholin wird im synaptischen Spalt durch das Enzym Acetylcholinesterase (kürzer: Cholinesterase) gespalten und damit inaktiviert. Hemmt man dieses Enzym, steigt die Menge der Acetylcholinmoleküle im Spalt an; dieses Prinzip wird bei der Behandlung der Alzheimer-Krankheit genutzt, bei der u. a. ein Acetylcholinmangel vorliegt.

Für Acetylcholin sind zwei Typen von Rezeptoren bekannt, die nikotinergen und die muskarinergen (jeder davon mit weiteren Subtypen). Beide finden sich im Zentralnervensystem, muskarinerge zudem an parasympathisch innervierten Organen, nikotinerge in den vegetativen Ganglien (sowohl des Sympathikus wie des Parasympathikus) sowie an den motorischen Endplatten (den Synapsen zwischen Neuronen und Muskelzellen).

Das cholinerge System ist an der Steuerung diverser körperlicher Prozesse beteiligt, beispielsweise an der Regulation des Schlafes (speziell bei der Einleitung der REM-Phasen). Eine wichtige Bedeutung hat Acetylcholin zudem bei der Konsolidierung von Gedächtnisinhalten; Stimulierung von Acetylcholinrezeptoren, beispielsweise durch Nikotin, verbessert (akut) die Merkfähigkeit; umgekehrt beeinträchtigt Scopolamin, welches muskarinerge Acetylcholinrezeptoren blockiert, das Speichern neuer Information (s. dazu Köhler, 2010b, S. 189 und die dort angeführte Literatur). Bei der Alzheimer-Krankheit, die besonders zu Beginn wesentlich durch Beeinträchtigung der Speicherfähigkeit für neue Inhalte gekennzeichnet ist, wird eine Störung im cholinergen System angenommen, u. a. eine Verminderung der Transmitterkonzentration durch gestörte Syntheseleistungen.

Eine große Bedeutung wird dem cholinergen System auch im Rahmen affektiver Störungen zugeschrieben. Allgemein scheint eine Anregung dieses Systems die Stimmung zu senken, seine Hemmung stimmungshebend zu wirken; so wird beobachtet, dass die Acetylcholinbindungsstellen blockierenden Anticholinergika (etwa das in Stechapfel und Engelstrompete enthaltene Scopolamin) euphorisierende Wirkung haben, ebenso das von den Patienten meist sehr geschätzte Anticholinergikum Biperiden (Akineton®). Im Kontext von Ungleichgewichtshypothesen geht man davon aus, dass während depressiver Verstimmungen ein cholinerges Übergewicht besteht, während manischer Zustände hingegen eine Minderaktivität, speziell im Vergleich zum noradrenergen System. Etwas vereinfacht lässt sich generell festhalten, dass das cholinerge System in vieler Hinsicht Gegenspieler zum dopaminergen, noradrenergen und serotonergen System ist. So lassen sich durch Anticholinergika beispielsweise Effekte erzielen, die ebenso durch Dopamin- oder Noradrenalinagonisten hervorgerufen werden (wie Euphorisierung, Verbesserung von Parkinson-Symptomatik oder Beschleunigung des Herzschlags).

2.2.4 Neuropeptidtransmitter und die endogenen Opioide

Neuropeptidtransmitter (zu denen u. a. die an der Schmerzwahrnehmung beteiligte Substanz P zählt) sind durch mehr oder weniger lange Aminosäureketten charakterisiert und gehören daher zur großen Gruppe der hochmolekularen (also aus zahlreichen Molekülen zusammengesetzten) Botenstoffe. Ebenfalls Neuropeptide sind die endogenen Opioide (mit der bekanntesten Untergruppe der Endorphine). Einige endogene Opioide werden in Neuronen produziert und fungieren als Neurotransmitter (beispielsweise im absteigenden schmerzhemmenden System); andere, wie das ß-Endorphin, werden im Zwischenhirn gebildet und haben eher die Eigenschaft von Hormonen, gelangen also auf dem Blutweg an ihre Wirkungsorte.

Man kennt verschiedene Typen von Opiatrezeptoren, an die sich sowohl endogene wie „exogene" Opioide (etwa Morphin, Heroin, Methadon) unterschiedlich gut anlagern: Sie werden mit δ, κ und μ bezeichnet; ihre Besetzung hat diverse, hier nicht genauer dargestellte – und in der Literatur auch teilweise widersprüchlich angegebene – Effekte. Besonders zu erwähnen sind eine starke Analgesie (Herabsetzung der Schmerzempfindlichkeit), Euphorisierung (wesentliche Grundlage der Opioidabhängigkeit) und Atemdepression (meist Todesursache bei Überdosierung).

Pharmakologisch von großer Bedeutung ist, dass sich mit Opiatantagonisten die Wirkungen der Opioide aufheben lassen; dies wird zum einen bei der Behandlung der akuten Überdosierung (speziell der Atemdepression) benutzt, zudem zur Dämpfung der Gier nach Opioiden (und interessanterweise auch nach Alkohol).

Die Bedeutung des endogenen Opioidsystems ist noch nicht in allen Einzelheiten verstanden. Vergleichsweise gut geklärt ist seine Funktion bei der Schmerzdämpfung (Analgesie), welche teils im Gehirn stattfindet, teils im Rückenmark, indem die Übertragung an den Synapsen der „Schmerzbahnen" gehemmt wird. Exogene Opioide, etwa Morphin oder das analgetisch noch wesentlich potentere Fentanyl, besetzen die Bindungsstellen für endogene Opioide, haben dort aber sehr viel stärkeren Effekt als die körpereigenen Stoffe.

2.2 Einzelne Transmitter

Weiter wird die euphorisierende Wirkung mancher psychotroper Substanzen wenigstens teilweise über Aktivierung des endogenen Opioidsystems erklärt – welches dann seinerseits das „mesotelencephale dopaminerge Belohnungssystem" bzw. direkt den Nucleus accumbens anregt. Wie erwähnt, lassen sich durch Gabe von Opiatantagonisten bis zu einem gewissen Grade nicht nur die Gier (das „Craving") nach Opiaten unterdrücken, sondern auch die nach Alkohol (s. Köhler, 2014b, S. 61 und die dort angeführte Literatur).

Auch im Rahmen anderer psychischer Störungen wird eine Dysfunktion im endogenen Opioidsystem angenommen, beispielsweise bei der posttraumatischen Belastungsstörung und der Borderline-Persönlichkeitsstörung; so wird die Hypothese vertreten, dass autoaggressive Akte von Patienten mit Borderline-Persönlichkeitsstörung der Stimulierung des ansonsten unteraktiven Systems dienen. Umgekehrt wird – allerdings ohne wirklich überzeugende Belege – beim frühkindlichen Autismus eine Überaktivität des endogenen Opioidsystems vermutet.

Als Psychopharmaka spielen Stoffe, die in das endogene Opioidsystem eingreifen, (noch) keine wesentliche Rolle (von der erwähnten Verwendung von Opiatantagonisten als Anti-Craving-Substanzen abgesehen).

3

Praxis der Psychopharmakotherapie

3.1 Neuroleptika (Antipsychotika)

3.1.1 Historische Vorbemerkungen

Bis zu den 50er-Jahren des vergangenen Jahrhunderts standen keine Medikamente mit ausreichender antipsychotischer Wirksamkeit zur Verfügung, und die psychiatrischen Anstalten dienten nicht zuletzt der Verwahrung schizophrener Personen, die wegen psychotischer Symptomatik kein übliches Alltagsleben führen konnten. Das änderte sich, als bei der Suche nach einem Antihistaminikum (also einem Mittel gegen Allergien) zufällig die antipsychotische Eigenschaft von Chlorpromazin entdeckt wurde, welches unter dem Handelsnamen Megaphen® 1952 in Europa auf den Markt kam (einige Jahre später dann in den USA) und dessen Einsatz zu einer beträchtlichen Entlassungsrate in den Kliniken führte. Das war das erste Neuroleptikum – ein eigentlich abwertender Name, der auf die neurologischen, nämlich extrapyramidal-motorischen Nebenwirkungen der bald darauf in beträchtlicher Zahl entwickelten weiteren Substanzen gleichen Wirkungsspektrums zurückging. Diese heute als klassische Neuroleptika (nach neuerer Terminologie klassische Antipsychotika = KAP) bezeichneten Substanzen besitzen mehr oder weniger starke antipsychotische, d. h. speziell gegen Wahn und Halluzinationen gerichtete Wirkung. Bald wurden auch die antimanischen und generell erregungsdämpfenden Effekte der Substanzen erkannt, sodass sich der Indikationsbereich entsprechend erweiterte. Nachteil der Medikamente waren die bereits genannten motorischen Nebenwirkungen. Weiter wurde bald deutlich, dass die Negativsymptome der Schizophrenie und die neurokognitiven Einschränkungen der Erkrankten sich durch diese Medikamente nur wenig veränderten.

Insofern war man weiter auf der Suche nach nebenwirkungsärmeren Antipsychotika, was zur Entwicklung von Clozapin führte, welches unter dem Handelsnamen Leponex® im Jahre 1972 auf den Markt kam und bei dem motorische Nebenwirkungen deutlich seltener sind; nachdem es zeitweise aus dem Handel genommen worden war, steht es seit vielen Jahren unter Beachtung gewisser Vorsichtsmaßnahmen wieder zur Verfügung und ist auch etwa seit 1990 in den USA auf dem Markt. Interessanterweise scheint es bis zu einem gewissen Grad auch gegen Negativsymptomatik wirksam zu sein. Im Anschluss daran wurden weitere

„atypische Neuroleptika" entwickelt (heute üblicherweise als atypische Antipsychotika = AAP bezeichnet). Ihre Nebenwirkungen sind i. Allg. geringer als bei den klassischen Antipsychotika – wenn auch heftiger als lange gedacht. So wurden unter Therapie mit einigen dieser AAP starke Gewichtszunahmen beobachtet, daneben metabolische Veränderungen – und zwar wohl in größerem Ausmaß als bei den KAP typischerweise beobachtet. Bei einigen dieser Neuentwicklungen werden auch zuweilen beträchtliche hormonelle Veränderungen beschrieben.

Unbestritten ist mittlerweile die antipsychotische Wirksamkeit der AAP, zumindest wenn sie in ausreichender Dosierung eingenommen werden. Ob, wie zunächst angenommen und von den Herstellern propagiert, diese neueren Antipsychotika sich auch in nennenswertem Maße auf die schizophrene Negativsymptomatik auswirken, steht mittlerweile wieder mehr und mehr zur Debatte.

Angesichts der vielfältigen Angriffspunkte der AAP hat sich auch ihr Indikationsbereich erweitert, nämlich u. a. zusätzlich in Richtung Prophylaxe und Therapie affektiver Störungen. Entsprechend werden atypische Antipsychotika heute sehr breit eingesetzt, was angesichts der nicht zu bagatellisierenden Nebenwirkungen keineswegs unumstritten ist.

Die folgende Tabelle 1 (nach Köhler, 2014c, S. 44) gibt einen Überblick der augenblicklich in Deutschland im Apothekenhandel befindlichen Antipsychotika (wobei die Handelsnamen nicht immer vollständig aufgeführt sind).

3.1.2 Wirkungen, Wirkmechanismen und Nebenwirkungen

Wirkungen
Die wichtigste Wirkung der klassischen wie auch der atypischen Neuroleptika (Antipsychotika) ist eben die antipsychotische, d. h. gegen die produktiven Schizophreniesymptome (Wahn, Halluzinationen, Ichstörungen, Zerfahrenheit) gerichtete; auch psychomotorische Symptome, etwa katatoner Stupor und katatone Erregung, bessern sich i. Allg. rasch. Auf Negativsymptome (beispielsweise Affektverflachung, sozialer Rückzug, Interessen- und Freudlosigkeit, Sprachverarmung) wirken Neuroleptika generell schlechter, was bei den klassischen besonders deutlich wird. Dass Minussymptome sowie neurokognitive Einschränkungen sich unter Therapie mit atypischen Neuroleptika (Antipsychotika der zweiten Generation) bis zu einem gewissen Grade bessern, ist zwar Ergebnis einiger Studien und Metaanalysen. Allerdings gibt es hierzu durchaus kontroverse Ansichten; auch scheinen die Effekte zumindest nicht allzu groß zu sein und die diesbezügliche Überlegenheit gegenüber

3.1 Neuroleptika (Antipsychotika)

Tabelle 1: *Einteilung der Neuroleptika (Antipsychotika)*

Substanzgruppe	Wichtige Repräsentanten mit generic name in Klammern Handelsname (Auswahl) (Generika nicht ausdrücklich erwähnt)
Phenothiazine (trizyklische Neuroleptika)	Chlorpromazin (früher Megaphen®; in Deutschland nicht mehr im Handel) Levomepromazin (Neurocil®) Thioridazin (Melleril®) Perazin (Taxilan®) Fluphenazin (Lyogen®); als Depotpräparat: Fluphenazindecanoat (Lyogen Depot®) Perphenazin (Decentan®); als Depotpräparat: Perphenazinenanthat (Decentan Depot®) Prothipendyl (Dominal®)
Thioxanthene	Chlorprothixen (Truxal®) Flupentixol (Fluanxol®); als Depotpräparat: Flupentixoldecanoat (Fluanxol Depot®) Zuclopenthixol (Ciatyl-Z®); als Depotpräparate: Zuclopenthixoldecanoat (Ciatyl-Z Depot®), Zuclopenthixolacetat (Ciatyl-Z Acuphase®)
Butyrophenone	Haloperidol (Haldol-Janssen®); als Depotpräparat: Haloperidoldecanoat (Haldol-Jansen Decanoat®) Benperidol (Glianimon®) Bromperidol (Impromen®, Tesoprel®) Melperon (Eunerpan®, Melneurin®) Pipamperon (Dipiperon®)
Diphenylbutyl-piperidine	Fluspirilen (Imap®, Fluspi®) [nur als Depotpräparate] Pimozid (Orap®)
„atypische" Neuroleptika	Clozapin (Elcrit®, Leponex®) Sulpirid (Dogmatil®, Arminol®) Risperidon (Risperdal®, Risocon®); als Depotpräparat: Risperdal® Consta® Sertindol (Serdolect®) Olanzapin (Zyprexa®); als Depotpräparat: Olanzapinpamoat (Zypadhera®) Quetiapin (Seroquel®) Amisulprid (Solian®) Aripiprazol (Abilify®) Ziprasidon (Zeldox®) Paliperidon (Invega®); als Depotpräparat: Paloperidonpalmoat (Xeplion®) Asenapin (Sycrest®)

älteren Antipsychotika keineswegs so gesichert, wie lange als unumstößliches Faktum in die Welt gesetzt. Generell werden die Vorteile der neueren Antipsychotika gegenüber den älteren nicht von allen Autoren gesehen (zu Quellenangaben s. Köhler, 2014c, S. 123). Die kürzlich publizierte Metaanalyse von Zhang et al. (2013) findet zwar Unterschiede zwischen neueren und älteren Antipsychotika bezüglich Beeinflussung der Negativsymptomatik, dies aber nicht in gleichem Maße für die verschiedenen Präparate – danach scheint am ehesten das mit erheblichen metabolischen Nebenwirkungen und Gewichtszunahme behaftete Olanzapin wirksam zu sein. Generell merken die Autoren an, dass von der Industrie gesponserte Studien häufiger eine Überlegenheit der neueren Medikamente finden als andere (beispielsweise staatlich finanzierte).

Eine weitere klinische Wirkung dieser Substanzen ist die antimanische; sie werden daher, häufig in Kombination mit Lithiumsalzen, zur Behandlung der Manie eingesetzt. Viele Neuroleptika haben sedierende Wirkung, weshalb sie bei diversen Erregungszuständen (etwa im Rahmen demenzieller Syndrome) zur Anwendung kommen. Eine weitere Indikation bestimmter Neuroleptika – keineswegs aller – ist zuweilen das Alkoholentzugsdelir. Zum Einsatz kommen die Substanzen unter gewissen Bedingungen auch bei Persönlichkeitsstörungen, Angstsymptomatik, diversen neurologischen Erkrankungen mit überschießenden Bewegungen (etwa Ticstörungen wie dem Tourette-Syndrom – wobei explizite Zulassung augenblicklich nur für Haloperidol besteht); auch die motorischen Symptome tiefgreifender Entwicklungsstörungen (etwa beim frühkindlichen Autismus) werden nicht selten mit Neuroleptika behandelt, speziell atypischen (Benkert & Hippius, 2013, S. 215). Zudem konnte gezeigt werden, dass Quetiapin und einige andere Atypika die Wirkung von Serotonin-Wiederaufnahmehemmern bei der Behandlung von Zwangsstörungen verstärken (Denys, Fineberg, Carey & Stein, 2007). Einige kommen unter gewissen Umständen zur Phasenprophylaxe bei affektiven Störungen und zur Augmentationstherapie bei depressiver Symptomatik zum Einsatz. Ihre diesbezügliche Wirksamkeit ist belegt, wobei allerdings auf die beträchtlichen Nebenwirkungen hingewiesen wird (Wright, Eiland & Lorenz, 2013).

Wirkmechanismen

Neuroleptika wirken auf eine Vielzahl von Rezeptortypen. Insbesondere die klassischen Neuroleptika entfalten vornehmlich durch Blockade von D_2-Rezeptoren für Dopamin im limbischen System – wohl nicht zuletzt im orbitofrontalen Kortex (also dem im unteren Frontallappen sitzenden, der Augenhöhle aufliegenden Teil der Großhirnrinde) – ihren antipsychotischen Effekt; Blockade von D_2-Rezeptoren im Striatum (einem wichtigen motorischen Zentrum) wird als Ursache des nicht selten nach Neuroleptikagabe beobachteten Parkinson-Syndroms angenommen. Zwar

3.1 Neuroleptika (Antipsychotika)

blockieren einige atypische Neuroleptika wie etwa Clozapin stärker die D_4-Rezeptoren (die im limbischen System, nicht aber im Striatum gefunden werden); ob dies die Ursache ihres antipsychotischen Effektes ist, wird aber zunehmend angezweifelt. Wahrscheinlicher ist, dass auch die Antipsychotika der zweiten Generation vornehmlich über Blockade von D_2-Bindungsstellen wirken, dies aber vergleichsweise selektiv tun (insbesondere so ausgeprägt nicht im Striatum); hier besteht noch erheblicher Klärungsbedarf. Weiter blockieren zumindest einige Neuroleptika den α_1-Rezeptor für Noradrenalin, was Grundlage der antimanischen Wirkung sein könnte. Nachgewiesen ist zudem eine Blockade des H_1-Rezeptors für Histamin (wohl wesentliche Ursache für den dämpfenden Effekt), von muskarinergen Acetylcholinrezeptoren (Grundlage einiger vegetativer Nebenwirkungen) und diverser Serotoninrezeptoren. Letzterer Mechanismus könnte der Wirkung auf die Negativsymptomatik von atypischen Neuroleptika zu Grunde liegen; nicht ganz unplausibel ist die in jüngster Zeit vertretene Hypothese, dass die Verbesserung der Defizitsymptomatik auf Anregung des möglicherweise unzulänglich funktionierenden NMDA-Rezeptors für Glutamat in höheren Hirnteilen, speziell dem präfrontalen Kortex, zurückzuführen ist.

Nebenwirkungen

Die klinisch relevantesten und am besten bekannten Nebenwirkungen der klassischen Neuroleptika sind die extrapyramidal-motorischen (Extrapyramidalsymptomatik = EPS oder EPMS). Dabei beobachtet man bald nach Behandlungsbeginn sich einstellende, in vielfach gut therapierbare und nach Absetzen der Medikamente reversible Symptomatik; die bekannteste ist das Parkinsonoid (oder neuroleptisch induziertes Parkinson-Syndrom), welches meist innerhalb der ersten vier Wochen nach Behandlungsbeginn auftritt und mit Ruhezittern (Tremor), Muskelsteifigkeit (Rigor) und Bewegungsarmut (Akinesie) der üblicherweise ältere Personen betreffenden Parkinson-Krankheit („Schüttellähmung") sehr ähnelt; anders als diese jedoch beruht das neuroleptisch induzierte Parkinson-Syndrom nicht auf einem Dopaminmangel in der Substantia nigra des Mittelhirns, sondern wird auf Blockade von D_2-Reptoren im (für die Motorik sehr wichtigen) Striatum zurückgeführt. Therapie mit dem Parkinson-Mittel L-Dopa würde die psychotische Symptomatik verstärken, sodass man – wenn überhaupt – hier mit Anticholinergika wie dem bekannten Akineton® (mit dem Inhaltsstoff Biperiden) behandelt. Die Patienten sind in der Regel sehr dankbar für dieses Medikament, da es die Stimmung hebt, fordern oft geradezu eine solche Behandlung. Mittlerweile ist man damit allerdings deutlich zurückhaltender geworden, weil möglicherweise damit die Entwicklung von Spätdyskinesien begünstigt wird (s. unten). Weitere, schon bald nach Behandlungsbeginn zu beobachtende Nebenwirkungen sind die sogenannten Frühdyskinesien (weniger missverständlich: dyskinetisches Syndrom; wohl noch besser: Frühdystonie) in Form von Krämpfen und überschießenden Bewegungen, v. a. der Gesichts-, Augen- und Zungenmuskulatur; sie treten bei etwa 20 % der mit klassischen Neuroleptika Behandelten auf, oft schon nach wenigen Tagen; ihre Pathogenese ist im Einzelnen nicht bekannt bzw. nicht einfach darzustellen. Ähnliches gilt für die Akathisie, eine quälende motorische Unruhe, die sich ungefähr bei 10 % der Patienten einstellt, und dem Restless-Legs-Syndrom ähnelt. Während auch Frühdyskinesien oft auf Akineton® ansprechen, stellt die Akathisie durchaus ein therapeutisches Problem dar; aus den oben genannten Gründen (Verschlechterung der psychotischen Symptome) verbietet sich wiederum die Gabe von L-Dopa – was beim Restless-Legs-Syndrom oft gute Wirksamkeit zeigt.

Diesen früh auftretenden – nicht selten, wohl aufgrund von Anpassungen der Rezeptoren, zuweilen spontan verschwindenden – motorischen Störungen sind die sich üblicherweise erst nach längerer Therapie mit Neuroleptika einstellenden Spätdyskinesien (tardiven Kinesien) gegenüberzustellen. Letztere treten bei mindestens 10–20 % der mit klassischen Antipsychotika Behandelten auf, i. Allg. frühestens nach einem halben Jahr Therapie, oft erst nach mehreren Jahren oder Jahrzehnten; nicht selten geschieht das, wenn die Neuroleptikadosis vermindert wird.

Sie manifestieren sich in Form unwillkürlicher Bewegungen im Gesichts-, Schlund- und Extremitätenbereich; anders als die früh auftretenden Bewegungsstörungen bessern sie sich nicht durch Anticholinergika (verschlechtern sich sogar oft) und sind in etwa der Hälfte der Fälle weitgehend irreversibel; Spätdyskinesien sind eher schwer pharmakologisch zu beeinflussen (zu den zur Behandlung eingesetzten Substanzen s. Köhler, 2014c, S. 48).

Überdurchschnittlich häufig finden sich tardive Kinesien bei mit Antipsychotika behandelten weiblichen Personen, zudem bei Personen, die Neuroleptika wegen bipolarer affektiver Störungen erhalten hatten, wobei die gleichzeitige Medikation mit Lithiumsalzen hier möglicherweise ursächliche Bedeutung hat. Die an sich plausible Hypothese, dass die Störung auf erhöhte Empfindlichkeit der über lange Zeit neuroleptisch blockierten Dopaminrezeptoren im Striatum zurückzuführen ist, wird zunehmend angezweifelt und stattdessen oxidative Veränderungen angenommen; entsprechend versucht man mit antioxidativ wirkenden Medikamenten (beispielsweise Vitaminen), Besserung zu erzielen – wobei allem Anschein nach der Erfolg eher begrenzt ist. Auch das zur Behandlung der sich in ähnlichen Symptomen manifestierenden Chorea Huntington eingesetzte Tiaprid (Tiapridex®) kann die therapeutischen Erwartungen nur sehr bedingt erfüllen.

Extrapyramidal-motorische Störungen und speziell die gefürchteten Spätdyskinesien treten nach gegenwärtigen Erkenntnissen weniger häufig unter Medikation mit atypischen Antipsychotika auf, allerdings wohl nicht so selten, wie man

3.1 Neuroleptika (Antipsychotika)

lange geglaubt hatte – am seltensten allem Anschein nach bei dem ansonsten sehr nebenwirkungsreichen Clozapin.

Vegetative Begleiterscheinungen werden bei Neuroleptikatherapie nicht selten beobachtet – in besonderem Maße unter Behandlung mit den Phenothiazinen, die strukturchemisch den nebenwirkungsreichen trizyklischen Antidepressiva gleichen. Die sehr beeinträchtigenden und unbedingt ernst zu nehmenden sogenannten anticholinergen Nebenwirkungen sind auf die Blockade muskarinerger Acetylcholinrezeptoren an parasympathisch innervierten Organen zurückzuführen. Dazu gehören Mundtrockenheit, Akkommodationsstörungen (Probleme beim Lesen!), Harnverhaltung (mit der Gefahr des Rückstaus in die Niere), Obstipation, aus welcher sich der gefürchtete paralytische Ileus (die akute und lebensbedrohliche Darmlähmung) entwickeln kann, zudem Veränderungen des Augeninnendrucks mit Schädigung der Sehnerven. Daneben müssen – auch (oder gerade) bei einigen AAP – kardiale Nebenwirkungen beachtet werden, beispielsweise Störungen der Reizüberleitung mit der Gefahr bedrohlicher Herzrhythmusstörungen (Folge verlängerter „QT-Zeit"); dies gilt u. a. für das sonst eher als nebenwirkungsarm geltende Ziprasidon (Zeldox®). Weiter sind neuroendokrine Veränderungen zu nennen, insbesondere ein Anstieg des Prolactinspiegels mit der Folge von Zyklusstörungen und Milchfluss (Galaktorrhö) bei Frauen, Störungen der Libido und der Potenz sowie Wachstum der Brüste und Galaktorrhö bei Männern. Diese Nebenwirkungen lassen sich dadurch erklären, dass Dopamin das Inhibiting-Hormon für das von der Hypophyse ausgeschüttete, die Milchproduktion anregende Prolactin ist; folglich kann es bei neuroleptischer Blockade zu Anstieg dieses Hormons mit den erwähnten Effekten kommen. Das Risiko einer Erhöhung des Prolactinspiegels ist wahrscheinlich bei einigen atypischen Neuroleptika wie Amisulprid (Solian®) oder Risperidon (Risperdal®) besonders groß; allerdings werden solche Nebenwirkungen auch bei den klassischen Neuroleptika nicht ganz selten beschrieben.

Zu beachten ist weiter, dass Neuroleptika (wie übrigens viele andere Medikamente, z. B. trizyklische Antidepressiva) zu Blutbildveränderungen führen können. Speziell gilt dies für Clozapin (z. B. Leponex®), welches vorübergehend wegen einiger Fälle schwerer Agranulozytosen (Verminderung bestimmter weißer Blutkörperchen) aus dem Handel genommen wurde. Mittlerweile kann es unter Einschränkungen und Vorsichtsmaßnahmen wieder verordnet werden, wobei – zumindest zu Beginn der Therapie – sehr engmaschig das Blutbild zu kontrollieren ist. Wohl nicht zuletzt deswegen ist man mit dem Einsatz dieses an sich sehr wirksamen Antipsychotikums ausgesprochen zurückhaltend.

Zudem führen einige atypische Neuroleptika stärker als die meisten klassischen Antipsychotika zu teilweise extremer Gewichtszunahme; speziell zeigt sich diese bei Clozapin und Olanzapin (Zyprexa®), wird aber in gewissem Maße u. a. auch bei Quetiapin

(Seroquel®) beobachtet. Darüber hinaus begünstigt eine Therapie mit diesen Antipsychotika die Entwicklung von Diabetes mellitus und Hyperlipidämie (also Erhöhung der „Blutfette"), damit die Ausbildung des metabolischen Syndroms mit erhöhtem Risiko für Erkrankungen im Herz-Kreislauf-System. Insofern ist es befremdend, dass zunehmend Kinder und Jugendliche mit diesen Substanzen therapiert werden, nicht selten im Sinne einer Off-Label-Verordnung, also bei Störungsbildern wie ADHS, für die Antipsychotika gar nicht zugelassen sind (Bachmann, Lempp, Glaeske & Hoffmann, 2014).

Sehr bedrohlich (zuweilen tödlich verlaufend) ist das – insgesamt zwar seltene, deswegen aber auch zuweilen übersehene oder missdeutete – maligne neuroleptische Syndrom. Dieses ist nicht nur durch extrapyramidal-motorische Störungen wie Dyskinesien und Rigor gekennzeichnet, sondern geht auch mit Bewusstseinsstörungen bis hin zum Koma einher, zudem mit diversen autonomen Reaktionen (Herzjagen, Blutdruckschwankungen, Schwitzen, Fieber). Es tritt typischerweise in den ersten beiden Wochen nach Therapiebeginn auf und ist prinzipiell unter allen Neuroleptika möglich; erste therapeutische Maßnahme ist das sofortige Absetzen dieser Medikamente sowie weitere intensivmedizinische Behandlung.

3.1.3 Indikationen

Wohl wichtigste Indikation der klassischen wie der atypischen Neuroleptika ist die Schizophrenie, wobei die produktiven Schizophreniesymptome (Wahn, Halluzinationen, Ichstörungen, Zerfahrenheit) sowie die psychomotorischen Auffälligkeiten in der Regel gutes Ansprechen zeigen – Voraussetzung ist allerdings eine gewissenhafte Einnahme, die bekanntlich nicht unbedingt immer gewährleistet ist, v. a. wenn sich Angehörige oder psychiatriekritische Therapeuten in die Behandlung einmischen. Die Absetzpsychosen, welche oft ein schwereres Symptombild zeigen, als es vor der neuroleptischen Behandlung vorlag, sind deshalb von Fachleuten ausgesprochen gefürchtet – um dieser Schwierigkeit wenigstens in gewissem Maße zu begegnen, greift man häufig auf Depotpräparate zurück, z. B. Imap®, Fluanxol Depot®, Zypadhera®, Risperdal® Consta®.

Deutlich schlechter sprechen – wenigstens auf klassische Neuroleptika – die psychischen Defizite der Schizophrenie an. Ob – wie lange Lehrmeinung – die Negativsymptome und kognitiven Einschränkungen sich bei Gabe atypischer Antipsychotika in nennenswertem Maße bessern, ist mittlerweile eher wieder umstritten. In jedem Fall hat nach neueren Untersuchungen, speziell der vielbeachteten CATIE-Studie, der Optimismus hinsichtlich der diesbezüglichen Wirkung atypischer Antipsychotika einen gewissen Rückschlag erlitten.

Psychotische Symptomatik kann bekanntlich auch im Rahmen affektiver Störungen auftreten (etwa psychotische Depression mit Versündigungswahn, Größenwahn bei Manien), sodass dort (oft in Kombination mit Lithium, Antikonvulsiva oder Antidepressiva) zuweilen Antipsychotika zum Einsatz kommen (bevorzugt atypische). Auch schizoaffektive Störungen werden meist mit Neuroleptika behandelt, wiederum häufig in Kombination mit anderen Substanzen.

Zudem werden atypische Antipsychotika mehr und mehr zur Phasenprophylaxe affektiver Störungen eingesetzt – bevorzugt bipolarer –, vermutlich weil man die komplizierte und von den Patienten oft abgelehnte Therapie mit Lithiumsalzen scheut und sich auch bezüglich der phasenprophylaktisch (stimmungsstabilisierend) wirkenden Antikonvulsiva in den letzten Jahren gewisse Skepsis entwickelt hat. Als eine weitere Indikation wird die Augmentationstherapie bei depressiven Zuständen angesehen, also die gleichzeitige Verabreichung mit einem Antidepressivum, dessen Effekte so verstärkt werden sollen. Eine weitere klinische Wirkung von Neuroleptika – neben der antipsychotischen – ist die antimanische; sie werden deshalb, häufig in Kombination mit Lithiumsalzen, zur Behandlung der Manie verwendet. Wegen ihrer meist sedierenden Wirkung werden viele von ihnen bei diversen Erregungszuständen (etwa im Rahmen demenzieller Syndrome) eingesetzt; dies geschieht nicht zuletzt in Alten- oder Pflegeheimen, weil die Patienten oft auf die typischen Beruhigungsmittel wie Benzodiazepine paradoxe Effekte zeigen.

Eine weitere Indikation ist – allerdings nur zusätzlich zu anderen Substanzen – zuweilen das Alkoholentzugsdelir (Delirium tremens), wobei als Antipsychotikum v. a. Haloperidol eingesetzt wird, welches weniger die Krampfschwelle senkt als die meisten anderen Substanzen dieser Gruppe. Zum Einsatz kommen die Substanzen unter gewissen Bedingungen auch bei Persönlichkeitsstörungen, diversen neurologischen Erkrankungen mit überschießenden Bewegungen (etwa Ticstörungen) und Angstsymptomatik; auch der frühkindliche Autismus wird nicht selten relativ erfolgreich mit Neuroleptika behandelt, insbesondere mit Atypika und Haloperidol (Benkert & Hippius, 2013, S. 224), wobei natürlich – wie schon oben betont – an die ernsten Nebenwirkungen bei so frühem Behandlungsbeginn besonders gedacht werden muss.

3.2 Antidepressiva

3.2.1 Allgemeines, Historisches, Einteilung

Bis in die Mitte des vergangenen Jahrhunderts gab es keine wirksame medikamentöse Behandlung depressiver Zustände, was sich erst gegen Ende der 1950er-

Jahre mit Aufkommen der Antidepressiva änderte. Damit bezeichnet man Substanzen mit stimmungsaufhellender Wirkung, die deshalb ursprünglich zur Behandlung akut depressiver Symptomatik in den Handel kamen. Nach und nach stellte sich heraus, dass diese Stoffe oft weitere Wirkungen haben, weshalb sie auch bei anderen Störungen eingesetzt werden, z. B. bei Zwangs-, Ess- und Angststörungen, zudem zur Schmerzbehandlung bzw. zu deren Unterstützung. Nicht zu den Antidepressiva gezählt werden die vornehmlich zur Prophylaxe affektiver Störungen eingesetzten Lithiumsalze, obwohl sie selbst einen (mäßigen) stimmungsaufhellenden Effekt haben.

Zunächst wurde – wie erwähnt gegen Ende der 50er-Jahre des letzten Jahrhunderts – die stimmungsaufhellende Wirkung von Imipramin (z. B. Tofranil®) entdeckt. Bald danach entwickelte man ähnliche Stoffe (etwa Amitriptylin, Clomipramin, Desipramin, Trimipramin), die wie Imipramin durch ein Gerüst von drei Ringen gekennzeichnet sind und deshalb als trizyklische Antidepressiva (TZA oder Trizyklika) bezeichnet werden. Noch einige Jahre früher war bereits die stimmungsaufhellende Wirkung von Substanzen aufgefallen, welche eine Hemmung des Enzyms Monoaminoxidase (MAO) bewirken. Diese MAO-Hemmer der „ersten Generation" waren jedoch – im Gegensatz zu Neuentwicklungen dieser Gruppe – nicht selektiv und reversibel (s. unten), sodass bei Einnahme strenge diätetische Einschränkungen erforderlich sind und es in einigen Fällen zu schweren Kreislaufkomplikationen kam; daher konnten sie sich – trotz ihrer unbestrittenen antidepressiven Wirkungen – nicht durchsetzen.

Mittlerweile gibt es zahlreiche weitere Gruppen antidepressiver Medikamente. Die tetra- oder heterozyklischen Antidepressiva sind Weiterentwicklungen der trizyklischen, weisen aber nicht (oder deutlich weniger) die störenden anticholinergen Effekte der Letzteren auf und gelten daher als besser verträglich. Venlafaxin (z. B. Trevilor retard®), Mirtazepin (z. B. Remergil®), Duloxetin (Cymbalta®), Reboxetin (Edronax®, Solvex®), Bupropion (Elontril®) oder Agomelatin (Valdoxan®) stellen ebenfalls – in der Regel nebenwirkungsärmere – Neuentwicklungen dar, deren Angriffspunkte nicht in allen Einzelheiten geklärt sind.

Die selektiven Serotonin-Wiederaufnahmehemmer (selektive Serotonin-Reuptake-Inhibitoren = SSRI) hemmen im Gegensatz zu den meisten trizyklischen Antidepressiva nur die Wiederaufnahme von Serotonin, nicht auch die von Noradrenalin und weisen – da von anderer chemischer Struktur als die Trizyklika – keine anticholinergen Effekte auf, sind somit diesbezüglich nebenwirkungsärmer. Ähnliches gilt für die zweite Generation der MAO-Hemmer (etwa Moclobemid, z. B. Aurorix®), die selektiv und reversibel sind und bei deren Einnahme daher im Wesentlichen keine diätetischen Einschränkungen erforderlich sind. Ob die allem Anschein nach verträglicheren SSRI und die MAO-Hemmer der zweiten Generation, die vergleichsweise teuer sind, sich langfristig gegenüber den bewährten und preisgünstigen trizyklischen Antidepressiva durchsetzen, wird sich zeigen; augenblicklich werden hauptsächlich SSRI bevorzugt.

Auf anderem Prinzip als die genannten Substanzgruppen basieren die Serotoninpräkursoren Tryptophan und L-5-Hydroxy-Tryptophan, die augenblicklich allerdings nicht als Antidepressiva zugelassen sind (und vermutlich auch nicht mehr werden).

Extrakt aus dem Johanniskraut (Hypericum) wird seit Langem als pflanzliches Antidepressivum eingesetzt und ist auch ohne Rezept zu erhalten. Gewisse Wirksamkeit, wenigstens bei leichteren Depressionen, steht fest, die Mechanismen sind jedoch unklar (möglicherweise Reuptake-Inhibition oder MAO-Hemmung). Keineswegs zu vernachlässigen sind allerdings Nebenwirkungen dieser oft ohne ärztliche Kontrolle eingenommenen Substanzen (z. B. Lichtsensibilität der Haut, Interaktion mit anderen Medikamenten).

Tabelle 2 (nach Köhler, 2014c, S. 54) gibt einen Überblick der augenblicklich zur Behandlung depressiver Zustände eingesetzten Substanzen.

3.2.2 Wirkungen, Wirkmechanismen und Nebenwirkungen

Zunächst muss nachdrücklich genug darauf hingewiesen werden, dass – und dies gilt nach gegenwärtigem Stand der Erkenntnis im Großen und Ganzen für alle Antidepressiva – die stimmungsaufhellende Wirkung in aller Regel nicht sofort einsetzt, sondern typischerweise erst nach zwei bis vier Wochen. Somit kann die durch die Substanzen bewirkte Erhöhung der synaptischen Transmitterkonzentrationen nicht die entscheidende Veränderung sein – diese tritt nämlich schon sehr bald auf. Vielmehr muss man annehmen, dass das vermehrte Transmitterangebot zu Verminderung der Zahl oder Empfindlichkeit postsynaptischer Rezeptoren führt (sogenannte down-regulation). Daraus ergibt sich eine wichtige klinische Konsequenz: In den ersten Tagen der Psychopharmakotherapie sind die Patienten oft noch keineswegs gebessert, sondern manche sogar in besonderem Maße suizidgefährdet. Offenbar setzt nämlich die antriebssteigernde Wirkung der Antidepressiva häufig vor ihrer stimmungsaufhellenden ein, sodass die Hemmungen, die bis dahin trotz schlechten Befindens einem Suizid entgegenstanden, nun aufgehoben sind.

Weiter ist zu beachten, dass alle Antidepressiva zwar in ähnlicher Weise die Stimmung heben können, sich in ihrer Wirkung auf den Antrieb jedoch deutlich unterscheiden: Manche sind eher sedierend, andere antriebsneutral und weitere

Tabelle 2: *Antidepressiva: Stoffklassen und Wirkmechanismen*

Stoffklasse	Substanzen (mit gesetzlich geschützten Präparatenamen in Auswahl) (Existenz eventueller Generika nicht ausdrücklich erwähnt)	Wirkprinzip
Trizyklische Antidepressiva	Imipramin (Tofranil®) Clomipramin (Anafranil®) Amitriptylin (Saroten®, Syneudon®) Amitriptylinoxid (Equilibrin®) Doxepin (Aponal®) Nortriptylin (Nortrilen®) Trimipramin (Stangyl®)	Erhöhung des Transmitterangebots durch Hemmung des Reuptakes; langfristig wohl Herabsetzung der Rezeptorempfindlichkeit (down-regulation)
Tetrazyklische A. und andere nicht eindeutig einzuordnende Substanzen	Mianserin (diverse Generika) Maprotilin (Ludiomil®) Trazodon (Thombran®) Venlafaxin (Trevilor retard®) Mirtazepin (Remergil®) Reboxetin (Edronax®, Solvex®) Bupropion (Elontril®) Duloxetin (Cymbalta®) Agomelatin (Valdoxan®)	teilweise ähnlich wohl wie trizyklische A.; teilweise andere Wirkmechanismen
Selektive Serotonin-Wiederaufnahmehemmer (SSRI)	Fluoxetin (Fluctin®) Fluvoxamin (Fevarin®) Sertralin (Zoloft®) Paroxetin (Seroxat®, Tagonis®) Citalopram (Cipramil®) Escitalopram (Cipralex®)	Hemmung der Wiederaufnahme spezifisch von Serotonin; langfristig wohl down-regulation
MAO-Hemmer (nicht selektiv)	Tranylcypromin (Jatrosom®)	irreversible, nicht selektive Hemmung von MAO; Erhöhung der Monoaminkonzentration im Spalt; langfristig wohl down-regulation
MAO-A-Hemmer (selektiv und reversibel)	Moclobemid (z. B. Aurorix®)	reversible und spezifische Blockade von MAO-A; damit Erhöhung der Monoaminkonzentration im Spalt; langfristig wohl down-regulation
Aminpräkursoren	Tryptophan (nicht mehr zugelassen für die Indikation Depression)	Steigerung der Serotoninproduktion durch Bereitstellung von Vorstufen
Johanniskraut	Hypericum (Esbericum®, Neuroplant®, Psychotonin 300®, Jarsin®, Kira®, Spilan®, Felis®, Texx®, Cesradyston®, Remotiv®, Laif®)	unklar (MAO-Hemmung, Wiederaufnahmehemmung, Bindung an GABA-Rezeptoren?)

3.2 Antidepressiva

schließlich psychostimulierend. Es ist verständlich, dass bei Medikation mit Substanzen der letzten Gruppe in besonderem Maße das Risiko eines Selbstmords zu beachten ist und gegebenenfalls zusätzlich mit sedierenden Substanzen (wie etwa Benzodiazepinen) behandelt werden muss.

Trizyklische Antidepressiva

Wie ausgeführt, sind die trizyklischen Antidepressiva (TZA) strukturchemisch durch ein Gerüst von drei Ringen gekennzeichnet und stehen in dieser Hinsicht den Phenothiazinen (aus der Klasse der Neuroleptika) nahe. Zu dieser am längsten standardmäßig eingesetzten Gruppe antidepressiv wirksamer Substanzen gehören u. a. Amitriptylin (z. B. Saroten®), Imipramin (z. B. Tofranil®), Clomipramin (z. B. Anafranil®) sowie das (wenigstens in Deutschland) nicht mehr im Handel befindliche Desipramin. Sie haben mit der erwähnten Latenz von circa ein bis drei Wochen eine stimmungsaufhellende Wirkung; dabei unterscheiden sie sich deutlich hinsichtlich ihrer Wirkung auf den Antrieb: So gelten etwa Amitriptylin, Doxepin und Trimipramin als sedierend, Desipramin im Gegenteil als antriebssteigernd, während Clomipramin und Imipramin diesbezüglich als weitgehend neutral angesehen werden, Letzteres unter Umständen als leicht antriebssteigernd – man beachte die teilweise unterschiedliche Charakterisierung in der Literatur. Neben der therapeutischen Wirkung in der depressiven Episode ist von einer phasenprophylaktischen Wirkung im Rahmen rein depressiver rezidivierender Störungen auszugehen; bei bipolaren Störungen hingegen sollen trizyklische Antidepressiva nicht zwischen den Phasen eingesetzt werden, weil dadurch manische Episoden provoziert werden können. TZA haben als wichtigste Indikation daher depressive Phasen, wobei die Symptomatik (insbesondere die Charakterisierung als agitiert oder gehemmt) Einfluss auf die Auswahl des Medikaments und auf eventuelle Begleitmedikation hat. Zur Phasenprophylaxe bei rezidivierenden depressiven Störungen werden TZA teilweise ebenfalls (als Alternative zu Lithiumsalzen) herangezogen. Weitere Indikationen können depressive Verstimmungen im Rahmen anderer psychischer Störungen sein.

TZA haben weitere Eigenschaften, die eine Reihe zusätzlicher Einsatzmöglichkeiten ergeben: Insbesondere lindert das fast ausschließlich die Serotonin-Wiederaufnahme hemmende Clomipramin (z. B. Anafranil®) auch Zwangssymptomatik (ähnlich wie die SSRI) und wird daher bei Zwangsstörungen eingesetzt. Bei der Panik-, der Generalisierten Angst- und der posttraumatischen Belastungsstörung kommen auch andere trizyklische Antidepressiva zur Anwendung; gleichfalls dürften sie bei Phobien wirksam sein – teilweise besteht auch Zulassung für diese Indikationen. Zudem haben TZA bei Schmerzstörungen gewisse Wirkung, einige wohl auch bei Bulimie, geringere allerdings sicherlich als SSRI.

In den letzten Jahren ist die positive Wirkung von TZA bei Schmerzzuständen v. a. chronischer Natur zunehmend in das Interesse gerückt. Mittlerweile ist als gesichert zu betrachten, dass das veränderte Schmerzempfinden nicht wesentlich auf eine Verbesserung der Stimmung zurückzuführen ist, sondern eher auf Stimulierung serotonerger und noradrenerger schmerzhemmender Bahnen im Rückenmark beruht (s. dazu Köhler, 2010b, S. 157ff.).

Wichtigster Wirkmechanismus ist die Reuptake-Hemmung, indem die TZA die Monoaminbindungsstellen an den Carrierproteinen („Transportern") besetzen und so die Rückschleusung der Transmitter in die präsynaptische Nervenzelle verhindern (s. auch 2.1.2). Die meisten Substanzen dieser Gruppe hemmen die Wiederaufnahme sowohl von Noradrenalin wie von Serotonin, wenn auch unterschiedlich stark: Desipramin und Trimipramin sind ausgesprochen wirksame Noradrenalin-Reuptake-Hemmer, während Amitriptylin in ähnlichem Maße die Wiederaufnahme beider Transmitter beeinflusst; Clomipramin hingegen hemmt fast ausschließlich die Rückschleusung von Serotonin.

Hemmung des Reuptakes ist nicht der einzige Wirkmechanismus der TZA. Zusätzlich werden in wechselndem Maße präsynaptisch lokalisierte Serotonin- und Noradrenalinrezeptoren blockiert, sodass das ausschüttende Neuron Produktion oder Freisetzung dieser Transmitter verstärkt. In jedem Fall erhöhen die TZA die synaptischen Konzentrationen von Serotonin und/oder Noradrenalin, was aber allem Anschein nicht die antidepressive Wirkung erklärt – wie es zuweilen noch zu lesen ist. Vielmehr gilt es als wahrscheinlich, dass durch das erhöhte Transmitterangebot die postsynaptischen Rezeptoren ihre Zahl oder Empfindlichkeit reduzieren und dass dies letztlich den depressionslösenden Effekt hat. Die erwähnte Wirklatenz von mehreren Wochen würde gut zu diesem Modell passen.

Die mehr oder weniger starke Blockierung von Histaminbindungsstellen des Typus H_1 ist nach aller Erkenntnis verantwortlich für die unterschiedliche Wirkung der genannten Substanzen auf den Antrieb. Nach einem möglicherweise stark simplifizierenden Modell wirken Antidepressiva (gleich welcher Gruppe) über ihren Noradrenalin- und Serotoninagonismus antriebssteigernd, sofern dieser Effekt nicht – wie etwa bei Trimipramin – durch Blockade von Histaminrezeptoren aufgehoben wird. (Dass Antihistaminika müde machen, können all jene bestätigen, die an Heuschnupfen leiden und zeitweise auf diese Medikamente angewiesen sind.)

Die Blockade von muskarinergen Acetylcholinrezeptoren, wie es die TZA in erheblichem Maße tun, bedingt anticholinerge Effekte (z. B. Mundtrockenheit, Akkommodationsstörungen, s. unten), weshalb die Trizyklika als sehr nebenwirkungsreiche Medikamente gelten.

Neben der teilweise unangenehmen Sedierung und der oft ausgesprochen unerwünschten Antriebssteigerung und Agitierung bei anderen Substanzen dieser

Gruppe sind in erster Linie vegetative Begleitsymptome bei den TZA zu beachten. Von anticholinergen Effekten wurden schon Mundtrockenheit und Akkommodationsstörungen genannt; hinzu können Störungen der Harnentleerung (bis hin zur Blasenlähmung), der Verdauungstätigkeit (z. B. Verstopfung bis hin zum Ileus = Darmlähmung) oder Erhöhung des Augeninnendrucks kommen; daraus ergeben sich eine Reihe von Kontraindikationen, etwa bestimmte Glaukomformen oder die bei Männern mittleren und erst recht höheren Alters sehr verbreitete Vergrößerung der Prostata. Auch eine oft unangenehme orthostatische Hypotonie (ein Schwindelzustand beim Aufstehen durch Absinken des Blutdrucks) ist bei manchen TZA nicht selten, was auf die Blockade von Noradrenalinrezeptoren zurückzuführen ist. Von ausgesprochen großer Bedeutung, allerdings in ihrem Entstehungsmechanismus nur bedingt klar (auf keinen Fall über Blockade muskarinerger Acetylcholinrezeptoren zu erklären), sind Überleitungsstörungen am Herzen und Arrhythmien (Unregelregelmäßigkeiten der Schlagfolge), sodass bei vorgeschädigtem Herzen in der Regel statt trizyklischer Antidepressiva die nebenwirkungsärmeren SSRI oder neuere Entwicklungen von MAO-Hemmern verordnet werden. Zu erwähnen sind weiter sexuelle Funktionsstörungen, die zwar unter TZA seltener als bei Medikation mit SSRI auftreten, jedoch Beachtung finden müssen. Zudem klagen viele Patienten über ungewöhnliche Steigerung des Appetits und Gewichtszunahme, z. B. bei Therapie mit Amitriptylin, Doxepin oder Trimipramin (s. Himmerich, Schuld & Pollmächer, 2005) – welche aber selten jene teils extremen Ausmaße annimmt wie bei einigen atypischen Antipsychotika (speziell Olanzapin und Clozapin). Schließlich senken speziell die TZA nicht selten die Krampfschwelle, weshalb im Falle eines epileptischen Anfallsleidens auf diesbezüglich weniger risikoreiche Antidepressiva (etwa die SSRI) zurückgegriffen werden muss.

Tetrazyklische (heterozyklische, neozyklische) und andere Antidepressiva

In die erste unklar definierbare Gruppe sollen nicht nur die eigentlichen tetrazyklischen Antidepressiva eingeordnet werden (wie etwa Mianserin), sondern auch diesem wirkungsmäßig in gewisser Hinsicht ähnliche ältere Antidepressiva, beispielsweise das teils den tri-, teils den tetrazyklischen Antidepressiva zugeordnete Maprotilin (z. B. Ludiomil®) oder das in strukturchemischer Hinsicht andersartige Trazodon; die genannten Substanzen besitzen i. Allg. (mit Einschränkungen) geringere anticholinerge Effekte als die TZA. Die zweite Gruppe umfasst der didaktischen Einfachheit zuliebe einige, nicht in einfache Strukturschemata passende Neuentwicklungen, so Venlafaxin (z. B. Trevilor retard®), Mirtazepin (z. B. Remergil®), Reboxetin (Edronax®, Solvex®), Duloxetin (Cymbalta®), Bupropion (Elontril) und Agomelatin (Valdoxan). Es muss jedoch betont werden, dass diese Zusammenfassung nur im Rahmen einer allerersten Einführung gerechtfertigt ist, da die genannten Substanzen sich hinsichtlich Struktur, vermuteten Wirkmechanismen und Nebenwirkungen nicht unbeträchtlich unterscheiden.

Die Wirkungen der drei älteren Substanzen Mianserin, Maprotilin und Trazodon auf die Stimmung unterscheiden sich nicht wesentlich von denen der trizyklischen Antidepressiva; die anticholinergen Effekte sind i. Allg. jedoch geringer; bei Maprotilin ist das Risiko einer Gewichtszunahme vergleichsweise hoch (Himmerich et al., 2005). Alle drei Substanzen gelten eher als sedierend. Teils beruht ihre Wirkung auf Wiederaufnahmehemmung, teils auf Blockade präsynaptischer Autorezeptoren.

Die meisten der genannten Substanzen wirken auf unterschiedliche Weise serotonin- und noradrenalinagonistisch, manche beeinflussen nur eines der Transmittersysteme; so wird Reboxetin häufig in der Literatur als selektiver Noradrenalin-Reuptake-Hemmer (SNRI) geführt.

Agomelatin (Valdoxan®) hat insofern einen anderen Angriffspunkt, als es u. a. auf Melatoninrezeptoren wirkt. Bupropion (Elontril®), als Raucherentwöhnungsmittel schon länger im Handel, wirkt nicht nur auf die Noradrenalin-Wiederaufnahme, sondern auch auf den Botenstoff Dopamin, der im Rahmen der biologischen Depressionsforschung lange wenig beachtet wurde.

Selektive Serotonin-Reuptake-Inhibitoren (SSRI)

Ähnlich wie die TZA wirken die SSRI über Wiederaufnahmehemmung, jedoch ausschließlich auf die von Serotonin. Folglich können mit ihnen wirkungsvoller psychische Störungen behandelt werden, die auf Veränderungen spezifisch im serotonergen System basieren, etwa Zwangs- und Essstörungen – während die antidepressive Wirksamkeit sich nicht wesentlich von den meist auf beide Transmittersysteme wirkenden Trizyklika unterscheidet. Da anticholinerge Effekte so gut wie ganz fehlen, entfallen eine Anzahl von Kontraindikationen der TZA. Andererseits ist die Behandlung mit SSRI in der Regel erheblich teurer.

Wie die TZA wirken die SSRI antidepressiv, dabei aber nicht sedierend, sondern v. a. initial oft (unangenehm) agitierend, weswegen zunächst eine Kombination mit den sedierenden Benzodiazepinen sinnvoll sein kann. Zudem sind selektive Serotonin-Wiederaufnahmehemmer auch bei Zwangssymptomen wirksam, sodass sie neben dem ebenfalls speziell die Serotonin-Wiederaufnahme hemmenden trizyklischen Antidepressivum Clomipramin (z. B. Anafranil®) bei diesem Störungsbild zum Einsatz kommen. Gut nachgewiesen ist weiter die Wirksamkeit von SSRI, besonders von Fluoxetin, bei der Rückfallprophylaxe der Bulimia nervosa. Weiter sind SSRI bei vielen Angststörungen (z. B. Generalisierter Angststörung, Panikstörung, posttraumatischer Belastungsstörung) wirksam, und einige sind u. a. speziell für diese Indikationen zugelassen.

3.2 Antidepressiva

Wirkmechanismus ist eine starke selektive Wiederaufnahme-Hemmung von Serotonin durch Besetzung der Bindungsstellen an den Carrierproteinen. Eine Wirkung auf das noradrenerge System liegt nicht vor, ebenso wenig eine Blockade von Histaminrezeptoren (daher die fehlende Sedierung). SSRI haben keine (oder bestenfalls sehr geringe) anticholinerge Effekte, weshalb i. Allg. diverse Kontraindikationen der TZA wegfallen (z. B. Engwinkelglaukom, Prostatahypertrophie). Auch bei Schädigung des Herzens (etwa Überleitungsstörungen) können die SSRI in der Regel verordnet werden – wobei allerdings zunehmend Rhythmusstörungen oder zumindest EKG-Veränderungen bei einigen dieser Substanzen beschrieben werden (Verlängerung der QT-Zeit speziell bei Citalopram und Escitalopram).

Dass viele anticholinerge vegetative Nebenwirkungen der TZA (etwa Verstopfung bis hin zum gefürchteten Ileus = Darmverschluss, Harnentleerungsstörungen) bei den SSRI nicht oder in kaum nennenswerter Form auftreten und dass deshalb eine Reihe von Kontraindikationen der TZA hier nicht vorliegen, wurde schon ausgeführt; auch die häufig nach Einnahme von TZA beobachtete unangenehme Gewichtszunahme bleibt in der Regel aus (oder ist wenigstens geringer); eine Senkung der Krampfschwelle und damit Begünstigung epileptischer Anfälle sind bei diesen Medikamenten nicht in nennenswertem Maße zu erwarten; was die negative Wirkung auf das Herz angeht, dürfte sie geringer sein als bei den TZA, bleibt aber in speziellen Fällen zu beachten.

Öfter als bei Einnahme anderer Antidepressiva treten hingegen unter den SSRI (speziell wohl bei Escitalopram und Paroxetin) sexuelle Funktionsstörungen auf, insbesondere verzögerte Ejakulation, daneben Libido- und Potenzstörungen (s. etwa Balon, 2006). Diese Substanzen werden deshalb schon seit längerer Zeit zur Behandlung des vorzeitigen Samenergusses (Ejaculatio praecox) eingesetzt, und mittlerweile ist mit Dapoxetin (Priligy®) ein SSRI speziell für diese Indikation zugelassen. Auch scheinen Appetitlosigkeit, Übelkeit und Erbrechen v. a. in der Anfangsphase recht häufig zu sein.

Während die Provokation manischer Episoden unter Behandlung mit SSRI allem Anschein nach geringer als bei den TZA ausfällt – weshalb sie Letzteren in der Behandlung depressiver Phasen bei bipolar Gestörten vorzuziehen sind –, ist nach wie vor eine heftige Diskussion im Gange, ob das initial unter Antidepressivatherapie steigende Suizidrisiko unter Behandlung mit den oft stark agierenden SSRI besonders hoch ist, speziell unter jüngeren Patienten (s. dazu Köhler, 2014c, S. 61 und die dort zitierten Quellen). Zeitweise waren einige SSRI nicht zur Behandlung kindlicher und juveniler Depressionen zugelassen, welche Einschränkung jedoch – wenigstens in Deutschland – offenbar wieder fallen gelassen wurde.

Letztlich nicht allzu häufig, jedoch sehr ernst zu nehmen ist das zentrale Serotoninsyndrom, welches prinzipiell bei allen Substanzen mit agonistischer Wirkung auf das serotonerge System auftritt, bei SSRI jedoch häufiger; eine Kombinationstherapie (speziell von MAO-Hemmern und SSRI) begünstigt das Auftreten dieser Symptomatik. Das Krankheitsbild ist gekennzeichnet durch Fieber, neuromuskuläre Symptomatik und psychopathologische Auffälligkeiten (z. B. delirante Symptomatik, Erregungszustände), daneben durch Störungen im gastrointestinalen System (etwa Übelkeit, Erbrechen, Durchfall). Auf Grund diverser Komplikationen (Krampfanfälle, Rhythmusstörungen, Koma, Organversagen) kann es lebensbedrohlich sein. In den meisten Fällen verschwindet das zentrale Serotoninsyndrom von selbst nach Absetzen der Medikation (verkürzt dargestellt nach Benkert & Hippius, 2013, S. 626).

MAO-Hemmer
Wie in 2.2.2 ausgeführt, baut das Enzym MAO (genauer: seine beiden Unterformen MAO-A und MAO-B) die in die präsynaptische Zelle rücktransportierten Monoamintransmitter ab. Hemmt man dieses Enzym bzw. eine seiner Unterformen, so erhöht sich die Ausschüttung der genannten Botenstoffe. Die auf diesem Wirkprinzip basierenden Medikamente, die MAO-Hemmer, seit Jahrzehnten auf dem Markt, konnten sich in ihren ersten (nicht selektiv wirkenden) Varianten wegen erforderlicher strenger diätetischer Einschränkungen und einer Anzahl von kardiovaskulären Zwischenfällen nie eigentlich durchsetzen. Neuere Entwicklungen, die lediglich die Unterform MAO-A blockieren und zudem noch reversibel sind (MAO-Hemmer der zweiten Generation), können hingegen ohne wesentliche Einschränkungen hinsichtlich Diät eingenommen werden, gelten zudem als gut verträglich; auf Grund der fehlenden anticholinergen Wirkung können sie auch jenen Patienten verabreicht werden, bei denen die TZA kontraindiziert sind. Auch die bei TZA häufigen und bei SSRI nicht ganz seltenen Herzrhythmusstörungen werden nicht in nennenswertem Maße beschrieben, ebenso wenig stärkere Gewichtszunahme oder sexuelle Funktionsstörungen.

Sowohl die älteren MAO-Hemmer (etwa Tranylcypromin = Jatrosom®) wie der neuere selektive und reversible MAO-Hemmer Moclobemid (Aurorix®, diverse Generika) wirken nachgewiesenermaßen antidepressiv, wegen der fehlenden Blockade von Histaminrezeptoren dabei eher antriebssteigernd. Bei manchen Angststörungen, insbesondere bei sozialer Phobie, ist ebenfalls Wirksamkeit nachgewiesen; Moclobemid ist explizit für diese Indikation zugelassen.

Das die Monoamine abbauende Enzym MAO (Monoaminoxidase) besteht aus zwei Unterformen: MAO-A ist im Wesentlichen für den Abbau von Serotonin, Noradrenalin und Adrenalin verantwortlich (in gewissem Maße auch von Dopamin und des nach Genuss bestimmter Nahrungsmittel, beispielsweise Käse, anfallenden Tyramins); MAO-B inaktiviert lediglich Dopamin und Tyramin. Bei Blockade beider

Subformen, z. B. durch das genannte Tranylcypromin, kommt es nicht nur zur Anreicherung der Monoamintransmitter, sondern auch von Tyramin, was starke Blutdruckerhöhung zur Folge hat. Deshalb musste unter dieser Medikation nicht nur auf Käse verzichtet werden, sondern auch auf gewisse Konservennahrung und Schokolade; trotz dieser Vorsichtsmaßnahmen kam es wiederholt zu hypertensiven Krisen (d. h. akuten starken Blutdruckerhöhungen). Wird lediglich MAO-A blockiert, so kann das weiterhin aktive Enzym MAO-B anfallendes Tyramin abbauen. Zudem sind diese MAO-Hemmer der zweiten Generation nicht nur selektiv, sondern auch reversibel: Sind große Mengen von Tyramin im Körper vorhanden, kann dieses den MAO-A-Hemmer vom Enzym MAO-A verdrängen, sodass Letzteres nun wieder stärker für den Tyraminabbau zur Verfügung steht; die Patienten müssen damit prinzipiell nicht mehr auf bestimmte Nahrungsmittel verzichten – von gewissen stark tyraminhaltigen Käsesorten wird jedoch nach wie vor abgeraten. Histaminrezeptoren werden nicht blockiert (daher keine Sedierung), ebenso wenig Acetylcholinrezeptoren (daher nicht die besonders bei den Trizyklika gefürchteten anticholinergen Effekte).

MAO-Hemmer der zweiten Generation gelten als nebenwirkungsarm; insbesondere Engwinkelglaukom und Prostatahypertrophie stellen – anders als bei den trizyklischen Antidepressiva – keine Kontraindikationen dar; auch sexuelle Funktionsstörungen werden nicht beobachtet (nach Benkert & Hippius, 2013, S. 121f.). MAO-Hemmer sollten wegen der Gefahr des zentralen Serotoninsyndroms nicht oder bestenfalls unter sehr eingeschränkten Bedingungen mit anderen Antidepressiva kombiniert werden, speziell nicht mit den stark serotoninagonistischen SSRI.

Wie bei den SSRI und manchen anderen Antidepressiva ist bei den MAO-Hemmern die initiale Antriebssteigerung zu bedenken, speziell im Falle suizidaler Patienten.

Andere antidepressiv wirksame Substanzen
Aminpräkursoren: Dazu gehört insbesondere L-Tryptophan, welches als Vorstufe der Serotoninsynthese die Konzentration dieses bei der Pathogenese der Depression als zentral erachteten Transmitters erhöhen soll. Ob diese Substanz tatsächlich ein wirksames Antidepressivum darstellt, ist unklar; augenblicklich ist es lediglich als Schlafmittel zugelassen.

Johanniskraut: Extrakt aus dem Johanniskraut (Hypericum Extract) wird seit Langem als pflanzliches Antidepressivum eingesetzt und war bis vor Kurzem auch ohne Rezept zu erhalten. Seine Überlegenheit gegenüber Placebo in der Behandlung leichterer Depressionen ist wenig umstritten, wobei die Wirkmechanismen nur bedingt geklärt sind; diskutiert wird u. a. Reuptake-Inhibition oder MAO-Hemmung. Es hat einige keineswegs zu ignorierende Nebenwirkungen (insbesondere Photosensibilisierung) und zeigt Wechselwirkungen mit anderen Medikamenten, welche aber von Personen, die von der „Natürlichkeit" des Präparats fasziniert sind, im Rahmen der Selbstmedikation oft nicht genügend beachtet werden. Trotz allem wird es aber als gut verträgliches Medikament angesehen (Benkert & Hippius, 2013, S. 110).

Lithiumsalze: Diese v. a. zur Phasenprophylaxe affektiver Störungen und zur Behandlung manischer Episoden eingesetzten Substanzen haben isoliert eine (leichte) antidepressive Wirkung; in jedem Fall dürften sie die Wirkung vieler Antidepressiva verstärken (sogenannte Lithiumaugmentation).

Benzodiazepine: Diese sedierenden und anxiolytischen Substanzen wirken möglicherweise zwar leicht antidepressiv, reichen aber in aller Regel allein nicht zur Behandlung von Depressionen aus, schon gar nicht bei schwereren Formen. Sie werden jedoch zuweilen initial – wegen ihres Abhängigkeitspotentials möglichst kurz – als Beigabe zu Antidepressiva verordnet, insbesondere um der bei manchen dieser Substanzen auftretenden Unruhe und Agitiertheit entgegenzuwirken.

Hormone: Während die Gabe von Östrogenen zur Verstärkung der Effekte von Antidepressiva (außer eventuell bei Depressionen während der Postmenopause) sich wenig durchsetzen konnte, ist die Kombination des Schilddrüsenhormons Trijodthyronin (T_3) mit trizyklischen Antidepressiva nicht ungewöhnlich und gilt als therapeutisch wirksam (s. dazu die bei Köhler, 2014c, S. 175 angeführte Literatur). Der Wirkmechanismus ist nur bedingt klar. Möglicherweise leiden einige depressive Patienten an latenter Schilddrüsenunterfunktion.

Atypische Neuroleptika: Diese Medikamente, die auch bei der Phasenprophylaxe affektiver Störungen und Behandlung manischer Zustände eine Rolle spielen, haben nachgewiesenermaßen eine augmentative Wirkung bei Depressionen und sind teilweise für diese Indikation zugelassen.

3.2.3 Indikationen

Wichtigste Indikation für die Antidepressiva ist nach wie vor die Akuttherapie depressiver Zustände sowohl chronischer wie episodenhafter Form, wobei sehr in Diskussion steht, ob leichtere Formen nicht auch durch Psychotherapie allein zu behandeln sind (s. 4.6). Nicht ganz unproblematisch ist die Behandlung depressiver Episoden im Rahmen bipolarer Verlaufsformen, weil die Gefahr des Umschlagens in eine manische Phase durch diese Medikamente erhöht ist. Am größten dürfte dieses Risiko bei den TZA sein, geringer allen Erkenntnissen nach bei den SSRI.

Weitere Indikationen sind die Erhaltungstherapie nach Abklingen der Symptomatik sowie die Rezidivprophylaxe depressiver Episoden, wobei zumindest Letztere bei bipolaren Störungen sich weitgehend verbietet; hier wird man die im nächsten Abschnitt besprochenen Stimmungsstabilisierer vorziehen.

Mittlerweile werden auch immer mehr Angststörungen mit Antidepressiva behandelt, zudem – aber nur mit spezifischen Serotoninagonisten wie den SSRI – Zwangsstörungen. Auch die Bulimia nervosa ist Indikation für diese Substanzen.

Zunehmend erkannt wird der Nutzen von Antidepressiva, speziell wohl der trizyklischen, in der Schmerztherapie, wobei die Dosen in aller Regel niedriger zu wählen sind und die Latenz bis zum Wirkeintritt kürzer ist – ein Hinweis darauf, dass es sich um einen spezifisch analgetischen, nicht antidepressiven Effekt handelt.

3.3 Substanzen zur Prophylaxe affektiver und zur Behandlung manischer Episoden

Allgemeines; Überblick

Zur Vorbeugung weiterer Episoden im Rahmen rezidivierender rein depressiver Störungen (unipolarer Verläufe) ist die Gabe von Antidepressiva zwischen den Phasen wirksam und wird auch nach wie vor typischerweise durchgeführt – offenbar sehr viel häufiger als die zwar auch hier wirksame, aber komplizierte Lithiumprophylaxe. Im Falle bipolarer Störungen hingegen ist wegen der möglichen manischen Symptomprovokation die Intervalltherapie mit Antidepressiva nicht angebracht. Mittel der Wahl sind hier – nach wie vor – Lithiumsalze, die zudem nachgewiesenermaßen das Suizidrisiko senken. Jedoch haben Lithiumpräparate diverse Nebenwirkungen und Kontraindikationen; auch muss während der Behandlung laufend – besonders engmaschig zu Beginn der Therapie – der Lithiumspiegel im Blutplasma bestimmt werden. Deshalb weicht man nicht selten auf bestimmte Antikonvulsiva (also eigentlich zur Behandlung von epileptischen Anfallsleiden eingesetzte Medikamente) aus; wirksam ist hier nachgewiesenermaßen Carbamazepin, ebenso Valproinsäure (Valproat), welches mittlerweile endlich in Deutschland für diese Indikation zugelassen ist. Zulassung für die Prophylaxe depressiver Episoden besteht außerdem für das Antikonvulsivum Lamotrigin. Phasenprophylaktisch wirken auch einige neuere Antipsychotika (etwa Olanzapin, Quetiapin, Clozapin), und manche sind (eingeschränkt) für diese Indikation zugelassen.

Lithiumsalze wirken auch akut therapeutisch während manischer Episoden, zumindest bei leichteren oder mittelschweren Verläufen; vielfach muss allerdings zur Erzielung ausreichender Effekte eine Kombination mit Benzodiazepinen oder Neuroleptika erfolgen. Antimanische Wirksamkeit besitzen ebenfalls die Antikonvulsiva Carbamazepin und Valproinsäure, wobei lediglich letztgenannte Substanz in Deutschland augenblicklich Zulassung für diese Indikation besitzt. Lithium weist zudem eine gewisse antidepressive Wirkung auf; darüber hinaus verstärkt es den diesbezüglichen Effekt von trizyklischen Antidepressiva (Lithiumaugmentation, s. oben).

Die nachstehende Tabelle (nach Köhler, 2014c, S. 67) zeigt zur Phasenprophylaxe affektiver Störungen und zur Behandlung manischer Symptomatik eingesetzte Substanzen (ohne Berücksichtigung der Benzodiazepine).

Tabelle 3: *Medikamente zur Phasenprophylaxe affektiver Störungen und zur Behandlung der Manie (Handelsnamen lediglich in Auswahl)*

Generic name (Handelsnamen in Klammern)	Bemerkungen
Lithiumsalze Lithiumacetat (Quilonum®) Lithiumaspartat (Lithium-Aspartat®) Lithiumcarbonat (Hypnorexretard®, Quilonum retard®, Generika) Lithiumsulfat (Lithiophor®)	nachgewiesene phasenprophylaktische und antimanische Wirkung; Zulassung für diese Indikationen
Carbamazepin Carbamazepin (Espa-lepsin®, Finlepsin®, Tegretal®, Timonil®, diverse Generika)	in Deutschland nur als Phasenprophylaktikum und Antikonvulsivum zugelassen, nicht zur Behandlung der Manie
Lamotrigin (Lamictal®, diverse Generika)	Zulassung für die Prophylaxe depressiver Episoden
Valproinsäure (Valproat) Valproinsäure (Ergenyl®, Ergenyl chrono®, Ergenyl chronosphere®, Convulex®, Leptilan®, Orfiril®, Orfiril long®)	mittlerweile in Deutschland als Phasenprophylaktikum und zur Behandlung der Manie zugelassen
diverse atypische Antipsychotika (z. B. Olanzapin, Quetiapin, Risperidon, Ziprasidon)	zugelassen zur Behandlung manischer Syndrome (mit Einschränkungen auch zur Phasenprophylaxe)
diverse klassische (konventionelle) Antipsychotika	manche zugelassen zur Behandlung manischer Syndrome (nicht hingegen zur Phasenprophylaxe); Vorzug hier meist atypischen Neuroleptika gegeben

Lithium

Die Entdeckung der Eigenschaften der Lithiumsalze geschah zufällig: Sie wurden zur Lösung von Substanzen verwendet, wobei sich herausstellte, dass sie im Tierversuch eine eigenständige pharmakologische Wirkung, nämlich Sedierung, aufwiesen.

Gut belegt ist die Wirksamkeit bei der Phasenprophylaxe affektiver Störungen: Bei rezidivierenden depressiven Störungen ist unter Placebo in 70 % der Fälle mit einem Rezidiv zu rechnen, hingegen bei Lithiummedikation nur in etwa 30 %; die Rückfallquote bei bipolaren Störungen betrug unter Placebo 79 %, unter Lithium war sie mit 37 % lediglich halb so hoch (Zahlen nach Benkert, 2009, S. 77); offenbar ist die Erfolgswahrscheinlichkeit umso größer, je früher mit der Prophylaxe begonnen wird (Kessing, Vradi & Andersen, 2014). Hervorzuheben ist, dass bei bipolar Gestörten unter Lithiumbehandlung die Suizidrate erheblich sinkt (s. Trendelenburg, Bschor & Bauer, 2006, S. 125 und die dort angeführte Literatur; s. auch Yerevanian & Choi, 2013). Indikation der Lithiumpräparate ist daher die Phasenprophylaxe sowohl im Rahmen rezidivierender depressiver wie bipolarer Störungen; bezüglich der ersten Indikation ist man offenbar jedoch – nicht zuletzt wegen der Nebenwirkungen der Lithiumpräparate und der nicht einfachen Einstellung des Plasmaspiegels – i. Allg. nach wie vor eher zurückhaltend. Nicht alle Formen bipolarer Störungen sprechen gut auf Lithium an; insbesondere bei raschem Wechsel der Phasen („rapid cycling") ist der phasenprophylaktische Effekt bestenfalls sehr gering; besser sind hier nach gegenwärtigem Kenntnisstand Antikonvulsiva wie Lamotrigin und Valproinsäure, eventuell auch atypische Antipsychotika (s. Benkert & Hippius, 2013, S. 166).

Weiter wirken Lithiumsalze antimanisch, sodass es sich anbietet, in manischen Episoden die Behandlung mit ihnen zu beginnen und die Medikamente zur Phasenprophylaxe anschließend weiter zu verordnen. Allerdings ist der antimanische Effekt nicht sehr ausgeprägt, sodass in vielen Fällen zur Kombination mit Benzodiazepinen und insbesondere Neuroleptika geraten wird, speziell atypischen. Unbedingt zu bedenken ist, dass Lithium sehr sorgfältig langfristig eingestellt werden muss, weshalb sich eine Akuttherapie der bekanntlich oft wenig kooperativen Maniker schwierig gestaltet.

Die Wirkmechanismen von Lithium bei der Phasenprophylaxe und der Therapie manischer Episoden werden zunehmend besser verstanden. Am wahrscheinlichsten sind Rezeptorveränderungen (Eingriffe in second-messenger-Prozesse), ein Wirkmechanismus, der auch für die Antikonvulsiva angenommen wird.

Wie bereits mehrfach erwähnt, ist die Behandlung mit Lithiumsalzen keineswegs einfach, und zwar wegen der geringen therapeutischen Breite der Substanzen: Zum einen muss nämlich ein bestimmter Spiegel im Blutplasma erreicht werden, um überhaupt eine Wirkung zu erzielen; zum anderen treten bei vergleichsweise geringer Überschreitung der therapeutisch notwendigen Konzentration i. Allg. starke Nebenwirkungen auf. Hier sind in erster Linie Tremor, Übelkeit, EKG-Veränderungen und unerwünschte Gewichtszunahme zu nennen. Weiter kann die Nierenfunktion negativ beeinflusst werden, sodass es zu einem Teufelskreis noch höherer Lithiumkonzentrationen und stärkerer Nebenwirkungen kommt. Insofern sind vor und während der Therapie Kontrollen von Nierenfunktion, EKG und Lithiumplasmakonzentrationen erforderlich. Viele Patienten vertragen die Medikamente nicht, weshalb es im Laufe der üblicherweise jahrelangen Prophylaxe zu erheblichen Drop-outs kommt (beispielsweise von fast 30 % in der Langzeitstudie von Maj, Pirozzi, Magliano & Bartoli, 1998). In diesem Kontext ist dringend zu beachten, dass nach Absetzen das Rückfallrisiko (auch im Vergleich zu nie mit Lithium behandelten Patienten) zu steigen scheint (Benkert & Hippius, 2013, S. 162); nachdrücklich wird von abruptem Absetzen abgeraten, da dann manische Syndrome provoziert werden. Auch ist zu bedenken, dass bei Wiederansetzen von Lithium nach Therapieabbruch die ursprüngliche phasenprophylaktische Wirksamkeit oft nicht wieder erreicht wird.

Lithiumintoxikationen sind nicht selten, z. B. bei unzuverlässiger Einnahme, mangelnder Kontrolle des Plasmaspiegels, bei zusätzlicher Medikation oder – was keineswegs eine Rarität darstellt – nach Einnahme hoher Dosen in suizidaler Absicht. Lithiumvergiftungen stellen u. a. mit Erbrechen, Durchfall, neurologische Symptome, Bewusstseinstrübung bis hin zum Koma ein teilweise sehr bedrohliches Krankheitsbild dar.

Carbamazepin

Die zu den Antikonvulsiva zählende Substanz ist i. Allg. nicht Mittel der ersten Wahl bei der Phasenprophylaxe affektiver Störungen; insbesondere wird die deutliche Reduktion der Suizidhäufigkeit, wie nach Lithiumgabe, unter den Antikonvulsiva nach gegenwärtigem Kenntnisstand nicht in diesem Ausmaß beobachtet. Im Gegenteil sagte man diesen Mitteln sogar eine Suizid begünstigende Wirkung nach, was aber nach den Ergebnissen einiger neuerer Studien (Gibbons, Hur, Brown & Mann, 2009; Leon et al., 2012) wohl als widerlegt betrachtet werden kann. Verabreicht wird Carbamazepin v. a. dann, wenn die Lithiumprophylaxe nicht erfolgreich ist, die Präparate nicht vertragen werden oder Kontraindikationen vorliegen. Es gilt als besser verträglich, hat aber ebenfalls zahlreiche Nebenwirkungen und Kontraindikationen, z. B. Überleitungsstörungen am Herzen, Abnahme der Zahl weißer Blutkörperchen oder schwere Leberfunktionsstörungen (für Einzelheiten s. Benkert & Hippius, 2013, S. 176). Obwohl seine antimanische Wirksamkeit belegt ist, steht in Deutschland die Zulassung für diese Indikation noch aus.

Lamotrigin

Dieses Antikonvulsivum ist in Deutschland zugelassen zur Prophylaxe depressiver Episoden im Rahmen bipolarer Störungen. Antimanische Effekte sind nicht belegt, während eine antidepressive Wirkung bei bipolar Gestörten wahrscheinlich ist; gewisse Effekte zeigen sich offenbar auch beim ansonsten schwierig zu behandelnden „rapid cycling".

Valproinsäure

Diese Substanz besitzt nach augenblicklichen Kenntnissen starke phasenprophylaktische Wirkungen (wohl bessere als Carbamazepin); dennoch scheint sie Lithiumpräparaten diesbezüglich unterlegen (Kessing, Hellmund, Geddes, Goodwin & Andersen, 2011); hier sind die Einschätzungen allerdings recht kontrovers. Valproinsäure wird i. Allg. für besser verträglich gehalten als Lithium oder die bei Therapie manischer Episoden häufig eingesetzten Neuroleptika. Auch hier sind die Wirkmechanismen nicht klar; zur Diskussion stehen u. a. Verstärkung GABAerger Hemmmechanismen oder Veränderungen von Ionenpermeabilitäten an den Membranen der Neurone. Nicht unbedenklich ist die gehäufte Entwicklung von Ovarialzysten unter Valproinsäure, die zum einen durch Platzen akut bedrohliche Krankheitsbilder hervorrufen, zum anderen zur Unfruchtbarkeit führen können; außerdem sind als Nebenwirkungen u. a. Blutbildveränderungen und Leberfunktionsstörungen zu nennen.

Atypische Neuroleptika

Ihnen wird zunehmend eine phasenprophylaktische Wirksamkeit zugeschrieben, etwa Olanzapin (Zyprexa®), wobei jedoch wieder einmal auf die oft beträchtlichen metabolischen Nebenwirkungen hinzuweisen ist.

3.4 Anxiolytika, Sedativa und Hypnotika

3.4.1 Definitionen; Überblick

Anxiolytika haben angstlösende Effekte; Sedativa beruhigen und lösen ebenfalls Angst, reduzieren dabei oft die psychische Aktivität und Leistungsfähigkeit, kenntlich an einer zumindest initial zu beobachtenden Müdigkeit und verlängerter Reaktionszeit. Hypnotika (heute meist als Antiinsomnika bezeichnet) induzieren den Schlaf; die meisten Sedativa können in höheren Dosen als Hypnotika fungieren. Eine zunehmend aus dem Sprachgebrauch verschwindende Bezeichnung ist Tranquilizer, welche im Deutschen weitgehend synonym für Sedativa verwendet wird.

Die Hauptgruppe dieser Substanzen sind die Benzodiazepine; sie greifen am sogenannten $GABA_A$-Benzodiazepinrezeptor-Komplex an und verstärken dort die Wirkung des hemmenden Transmitters GABA. Benzodiazepine wirken anxiolytisch, dabei – wenigstens in den ersten Tagen oder Wochen der Einnahme – auch sedierend (oft regelrecht müde machend), sodass mit leistungsmäßigen Einschränkungen zu rechnen ist. Auch die gängigen Schlafmittel kommen aus dieser Gruppe; im Gegensatz zu den als Anxiolytika eingesetzten Medikamenten haben sie meist eine kurze Halbwertszeit.

Als Anxiolytikum ohne sedierende Wirkung gilt Buspiron aus der Gruppe der Azapirone; welches – anders als die Benzodiazepine – nicht am GABAergen System, sondern an Serotoninrezeptoren angreift. Ebenfalls angstlösend, dabei wenig oder gar nicht sedierend, wirken die Betablocker, die zwar zumeist mit anderer Indikation eingenommen werden (z. B. Hypertonie). Zuweilen werden sie – etwa bedarfsweise in besonderen Stresssituationen – auch spezifisch wegen ihrer psychoaktiven Wirkung eingesetzt.

Gewisse Bedeutung als Anxiolytika und Antiinsomnika (Hypnotika, Schlafmittel) haben einige Substanzen mit starker antihistaminerger Wirkung (über Blockade des H_1-Rezeptors für Histamin); den Antihistaminika nahe steht auch das pharmakologisch sehr interessante Opipramol (Insidon®, Opipram®), welches an weiteren Transmittersystemen angreift und zur Behandlung der Generalisierten Angststörung sowie somatoformer Störungen zugelassen ist. Pregabalin, ursprünglich ein Antikonvulsivum, ist u. a. zur Behandlung der Generalisierten Angststörung zugelassen.

An der Wirksamkeit der Schlaf- und Beruhigungsmittel aus der Gruppe der Benzodiazepine ist nicht zu zweifeln, ebenso wenig an ihrer geringen Toxizität. Jedoch ist eine gewisse Gefahr der Abhängigkeit gegeben, und zudem verändern sie die natürliche „Schlafstruktur". Neuere Entwicklungen, die Nicht-Benzodiazepin-Hypnotika wie Zaleplon, Zopiclon oder Zolpidem, sollen diese Nachteile nicht oder in geringerem Maße haben. Unklar in seiner Eignung als Schlafmittel ist Tryptophan; diese bereits im Abschnitt über Antidepressiva genannte Substanz wirkt auf das serotonerge System, möglicherweise an den für die Schlafregulation zuständigen Raphe-Kernen der Medulla oblongata. Gewisses Interesse, nicht nur als Medikament zur Überwindung des Jetlags, sondern auch als Schlafmittel, hat in den letzten Jahren Melatonin erfahren; es sensibilisiert zentrale, für die Schlafregulation anhand der Hell-Dunkel-Verhältnisse verantwortliche Strukturen des Zwischenhirns. Speziell im Rahmen von Selbstmedikation spielen pflanzliche Sedativa wie Baldrian und Hopfen eine nicht unbedeutende Rolle. Bedeutungslos als ärztlich verordnete Schlafmittel sind hingegen heute Barbiturate, Meprobamat und Methaqualon, die aber immer noch auf dem illegalen Drogenmarkt zu finden sind. Zwar noch als Schlafmittel zugelassen, aber offenbar zunehmend seltener

3.4 Anxiolytika, Sedativa und Hypnotika

eingesetzt werden Clomethiazol und Chloralhydrat. Tabelle 4 (nach Köhler, 2014c, S. 73) gibt noch einmal einen Überblick über die wichtigsten genannten Gruppen.

Tabelle 4: *Anxiolytika (Sedativa) und Hypnotika (Überblick)*

Substanzen	Bemerkungen
Anxiolytika (Sedativa)	
Benzodiazepine	bevorzugt solche mit längerer Halbwertszeit
Buspiron	Anxiolyse ohne Sedierung
Pregabalin	wohl eher geringes Abhängigkeitspotential
Betablocker	meist mit anderer Indikation eingesetzt; Anxiolyse eher Nebenwirkung
pflanzliche Präparate (Baldrian, Hopfen)	wohl oft Placeboeffekt; Kawa-Kawa wegen schwerer Nebenwirkungen nicht mehr im Apothekenhandel
H_1-Rezeptorenblocker (H_1-Antihistaminika), etwa Hydroxyzin, Opipramol	bei Opipramol weitere Angriffspunkte wahrscheinlich
Hypnotika	
Benzodiazepine	bevorzugt solche mit kurzer Halbwertszeit
Nicht-Benzodiazepinhypnotika (Zaleplon, Zolpidem, Zopiclon)	stören Schlafstruktur weniger; wahrscheinlich geringeres Abhängigkeitspotenzial
L-Tryptophan	Aminpräkursor
Clomethiazol	selten eingesetzt; hohes Abhängigkeispotenzial
Chloralhydrat	selten eingesetzt, wenn v. a. in Kliniken
Melatonin	speziell zur Überwindung des Jetlags; auch sonst gewisse hypnotische Wirkung
Barbiturate, Meprobamat, Methaqualon	Bedeutung nur noch als illegale Drogen
pflanzliche Präparate (Baldrian, Hopfen)	wohl oft Placeboeffekt (nicht immer)
H_1-Rezeptorenblocker (H_1-Antihistaminika), etwa Diphenhydramin, Doxylamin, Promethazin	eher leichter hypnotischer Effekt; einige ohne Rezept erhältlich

Gewisse anxiolytische und sedierende Wirkung haben auch einige der in den vorigen Abschnitten erwähnten trizyklischen Antidepressiva und Neuroleptika, nicht zuletzt über die Blockade von Histaminrezeptoren des Typs H_1. Während man vom Einsatz klassischer Neuroleptika zur Behandlung von (nicht-psychotischen) Angstzuständen wegen der extrapyramidal-motorischen Nebenwirkungen weitgehend abgekommen ist, werden nun häufiger atypische Antipsychotika wie Olanzapin und Quetiapin eingesetzt, speziell bei abhängigkeitsgefährdeten Patienten.

3.4.2 Benzodiazepine

Struktur; Verstoffwechselung
Benzodiazepine sind vollsynthetische Pharmaka, von denen es mittlerweile über 20 gibt, die in Deutschland in weit mehr als 50 Medikamenten erhältlich sind (Überblick in Tabelle 5; nach Köhler, 2014c, S. 75). Sie besitzen alle die Grundstruktur eines bizyklischen Kerns, unterscheiden sich aber mehr oder weniger stark in den Seitengruppen, welche Geschwindigkeit der Aufnahme und Verstoffwechselung bestimmen; diese haben u. a. großen Einfluss auf die Verweilzeit im Körper und Dauer der Wirkung.

Ihre Verstoffwechselung ist ausgesprochen kompliziert: Oft werden die verabreichten Präparate überhaupt erst im Körper in wirksame Produkte umgewandelt, teils besitzen die Abbauprodukte gleichfalls noch hypnotische und anxiolytische Wirkung, sodass Angaben über die Halbwertszeit mit erheblichen Unsicherheiten behaftet sind (und wohl zu gewissem Grade personenspezifisch sind, vielleicht auch von der Dauer der Einnahme abhängen). In der Regel bevorzugt man als Hypnotika Benzodiazepine mit kurzer „Halbwertszeit".

Besonders bei älteren Patienten ist die Gefahr der Kumulation zu beachten, v. a. wenn Substanzen mit längerer Wirkdauer gegeben werden. Andererseits soll sich bei kurz wirksamen Substanzen dieser Stoffklasse abruptere und ausgeprägtere Entzugssymptomatik entwickeln. Bei der Verordnung der Benzodiazepine ist also ein differenziertes Vorgehen sehr angebracht.

Wirkungen, Indikationen, Wirkmechanismen
Die wichtigste Wirkung der Benzodiazepine ist die sedierend-anxiolytische; bei Personen, die selten diese Präparate nehmen bzw. bei Gabe der Substanzen in größerer Menge oder von solchen mit kurzer Halbwertszeit, ist auch ein Schlaf anstoßender Effekt zu beobachten. Indikationen sind daher – sicher nicht in jedem

3.4 Anxiolytika, Sedativa und Hypnotika

Tabelle 5: *Benzodiazepinanxiolytika und -hypnotika*

Generic name	Handelsnamen (Auswahl)
Anxiolytika[1]	
Alprazolam	Cassadan®, Tafil®, diverse Generika
Bromazepam	Lexostad®, Lexotanil®, diverse Generika
Chlordiazepoxid	Radepur 10®, Librium®
Clobazam	Frisium®
Clonazepam	Rivotril®
Diazepam	Valium®, diverse Generika
Dikaliumclorazepat	Tranxilium®
Lorazepam	Tavor®, diverse Generika
Medazepam	Rusedal®, Rudotel®
Oxazepam	Adumbran®, Praxiten®, diverse Generika
Prazepam	Demetrin®
Hypnotika	
Brotizolam	Lendormin®
Flunitrazepam	Rohypnol®, diverse Generika
Flurazepam	Dalmadorm®, Staurodorm Neu®
Loprazolam	Sonin®
Lormetazepam	Ergocalm®, Noctamid®, diverse Generika
Nitrazepam	Radedorm®, Mogadan®, diverse Generika
Temazepam	Planum®, Remestan®, diverse Generika
Triazolam	Halcion®

[1] Die Trennung ist nicht scharf; manche Anxiolytika werden auch als Schlafmittel eingesetzt

Falle zu Recht – Angst- und Unruhezustände sowie Schlafstörungen. Auch werden Benzodiazepine nicht selten initial zusätzlich zu den Antidepressiva bei der Depressionsbehandlung verordnet, speziell bei agitiert-depressiven Zuständen; in manischen Episoden werden sie (etwa Clonazepam und Lorazepam) zuweilen in Kombination mit Lithium zur Dämpfung eingesetzt, wenigstens in den ersten Wochen.

Eine weitere Wirkung ist die antikonvulsive (zerebrale Krämpfe unterdrückende), die durch Bindung an $GABA_A$-Rezeptoren in bestimmten Hirnarealen erklärt wird. Benzodiazepine werden daher u. a. zur Behandlung epileptischer Anfälle eingesetzt. Umgekehrt ist dringend zu beachten, dass bei Entzug dieser Substanzen, speziell wenn er zu schnell erfolgt, Anfälle auch bei Personen auftreten können, die bisher nie erhöhte Krampfbereitschaft gezeigt hatten.

Weiter ist die muskelrelaxierende Wirkung zu nennen, die durch Beeinflussung der Übertragung an Motoneuronen erklärt wird; so erhöht sich, speziell bei älteren Personen, durch die reduzierte Muskelspannung und das medikamentös eingeschränkte Reaktionsvermögen das Risiko für Stürze.

Wesentlicher Mechanismus der beschriebenen Wirkungen ist eine Verstärkung der GABAergen Hemmung am sogenannten $GABA_A$-Benzodiazepinrezeptor-Komplex. Die Benzodiazepine lagern sich an spezifische Rezeptoren („Benzodiazepinrezeptoren") an, die in Nähe der Bindungsstellen für den hemmenden Transmitter gamma-Aminobuttersäure (GABA) liegen. Dadurch wird der Rezeptor sensibilisiert und die durch Andockung von GABA resultierende Effekte an der postsynaptischen Membran verstärkt.

Aus der Existenz von Benzodiazepinrezeptoren schließt man, dass es endogene Liganden für diese gibt, und hat mittlerweile bereits solche identifizieren können. Auch wurde ein Benzodiazepinantagonist entwickelt (Flumazenil mit dem Handelsnamen Anexate®), der u. a. bei Intoxikationen mit den gennannten Substanzen zum Einsatz kommt.

Nebenwirkungen; Kontraindikationen
Neben der affektiv-distanzierenden Wirkung kommt es nach Einnahme von Benzodiazepinen, wenigstens in den ersten Tagen, zu mehr oder weniger ausgeprägter Sedierung mit verlangsamten Reaktionen, was speziell im Straßenverkehr zu beachten ist. In höheren Dosen tritt fast immer deutliche Müdigkeit auf, zuweilen werden neurologische Beeinträchtigungen beobachtet (etwa verwaschene Sprache, Koordinationsstörungen mit Unfallgefahr, Schwindel); zudem wurden anterograde Amnesien nach Einnahme beschrieben. Klinisch sehr relevant sind die speziell bei geriatrischen Patienten keineswegs seltenen paradoxen Reaktionen mit gesteigerter Aktivität und teilweise aggressivem Verhalten – während Benzodiazepine eigentlich antiaggressiv wirken; zur Sedierung wird daher oft notgedrungen bei dieser Population auf Neuroleptika ausgewichen.

Der durch Benzodiazepinhypnotika induzierte Schlaf zeigt einige Besonderheiten: Neben der Verkürzung der Einschlafdauer und Verlängerung der Gesamtschlafzeit tritt Verkürzung der tieferen Schlafstadien ein, gleichzeitig aber auch der REM-Phasen, sodass ein wenig modulierter Schlaf mittlerer Tiefe resultiert.

Bemerkenswerterweise führen selbst weit überhöhte Mengen von Benzodiazepinen – wenigstens wenn sie oral und isoliert eingenommen werden – nicht oder

3.4 Anxiolytika, Sedativa und Hypnotika

bestenfalls äußerst selten zum Tod, eine Folge wohl der Tatsache, dass sie lediglich die GABAergen Effekte optimieren, nicht aber unmittelbar den Ionenkanal öffnen, somit ihre Wirkung nicht unbegrenzt gesteigert werden kann. Die Situation ist allerdings eine andere, wenn Benzodiazepine zusammen mit weiteren psychoaktiven Substanzen, etwa Alkohol, konsumiert werden. Dann verstärken sich die Wirkungen des Letzteren oft so, dass es zum Tode kommen kann.

Als häufige verzögerte Wirkung ist der „Hangover" zu nennen, d. h. Müdigkeit und Verlangsamung lange nach Einnahme der Substanz. Sie ist vornehmlich bei Benzodiazepinen mit langer Wirkdauer zu erwarten. Bereits erwähnt wurde die insbesondere bei älteren Leuten als Folge von Kumulation entstehende Dauersedierung, welche zu erheblichen kognitiven Einschränkungen führen kann („arzneimittelinduzierte Demenz").

Ob das Abhängigkeitspotenzial der Benzodiazepine tatsächlich so groß ist, wie in einigen Darstellungen behauptet wird, ist diskutabel. Allerdings sind bei manchen Personen durchaus gewisse Abhängigkeitskriterien erfüllt: So findet sich häufig Toleranzentwicklung u. a. gegenüber den schlafanstoßenden Effekten, sodass oft nach gewisser Zeit die Schlafmitteldosis erhöht werden muss (während der anxiolytische Effekt bei gleicher Dosis häufig erhalten bleibt).

Auch Entzugssymptomatik ist nicht selten, und zwar zuweilen bereits nach vergleichsweise kurzer Dauer regelmäßiger Einnahme, oft schon nach einigen Wochen oder Monaten des Dauerkonsums. Zur Vorbeugung wird folglich sehr langsames Ausschleichen mit sukzessiver Dosisreduktion über mehrere Wochen empfohlen.

Die Entzugserscheinungen lassen sich als übermäßige zentralnervöse Erregung bei Wegfall der GABAergen Hemmung erklären: Leichtere Symptome sind Angst, Reizbarkeit, Unruhe und Schlaflosigkeit, dazu Kopfschmerzen, Muskelverspannungen und diverse vegetative Reaktionen (Übelkeit, Schwitzen, Tachykardie). Keineswegs seltene, schwere Entzugssymptome sind u. a. Verwirrtheitszustände, Delirien, paranoid-halluzinatorische Symptomatik, Depersonalisationsphänomene sowie neurologische Symptome, wobei speziell epileptische Anfälle zu nennen sind.

Neben diesen körperlichen Zeichen der Benzodiazepinabhängigkeit können „psychische" Abhängigkeitssymptome beobachtet werden, wie unbezwingbare Gier nach den Substanzen oder Konsum trotz ärztlicher Warnungen. Wichtige Kontraindikation ist daher die Neigung zu Suchtverhalten, was zuvor gewissenhaft abgeklärt werden muss; speziell bei Patienten mit PTBS ist an diese Möglichkeit zu denken.

Auf Grund der Entwicklung möglicher Abhängigkeit waren einige Ärzte früher sehr zurückhaltend mit der Verschreibung von Benzodiazepinen bei Angst- oder Unruhezuständen sowie Schlafstörungen und bevorzugten die Gabe von Neuroleptika. Mittlerweile ist man angesichts der Nebenwirkungen letzterer Medikamente offenbar weitgehend davon abgekommen. Tatsache ist, dass die Benzodiazepine auch nach längerer Einnahme vergleichsweise geringe körperliche und psychische Veränderungen hervorrufen. Auch ist zu bedenken, dass manche sich ohne Benzodiazepine auf andere Weise sedieren würden (etwa mit Alkohol).

Außer der Neigung zu Suchtverhalten gibt es wenige strenge Kontraindikationen für Benzodiazepine. In der Schwangerschaft (Gefahr von Entzugssymptomatik beim Neugeborenen) und vor der Geburt (Risiko des sogenannten „floppy-infant"-Syndroms mit erniedrigtem Muskeltonus) ist allerdings der Einsatz dieser Substanzen sehr genau abzuwägen.

3.4.3 Weitere Anxiolytika: Betablocker, Buspiron, Pregabalin

Während die Benzodiazepine, welche die Hemmung an GABAergen Synapsen verstärken, zumindest zu Beginn der Therapie in aller Regel müde machen und sich einschränkend auf kognitive Leistungen auswirken, besitzen Betablocker und Buspiron andere Angriffspunkte und wirken daher i. Allg. spezifischer anxiolytisch.

Betarezeptorenblocker (Betablocker)
Diese Substanzen besetzen Bindungsstellen für Adrenalin und Noradrenalin, insbesondere am Herzen. Sie verlangsamen somit die Pulsfrequenz und senken den Blutdruck. Die dabei zu beobachtende anxiolytische Wirkung wird von manchen Personen u. a. zur Bekämpfung des Lampenfiebers vor öffentlichen Auftritten benutzt, da hierbei die kognitiven Leistungen nicht nennenswert eingeschränkt werden. Verordnet werden Betablocker zuweilen auch bei chronischen Angstzuständen, etwa der posttraumatischen Belastungsstörung. Ob allein die Wahrnehmung der gedämpften Körperfunktionen beruhigend wirkt, ist fraglich; wahrscheinlicher sind zusätzliche zentrale Angriffspunkte.

Für Betarezeptorenblocker gibt es eine Reihe von Kontraindikationen, wobei bestimmte Herz-Kreislauf-Erkrankungen sowie Asthma bronchiale zu nennen sind; insofern sollte ihre Verordnung nicht ohne gründlichere Voruntersuchung erfolgen.

Buspiron (Anxut®, Busp®)
Es ist ein partieller Agonist an Serotoninrezeptoren des Typs 5-HT$_{1A}$. Da diese Rezeptoren teils prä-, teils postsynaptisch lokalisiert sind und ihre Besetzung über

Änderung der Serotoninausschüttung daher auch die Aktivität an anderen der zahlreichen Serotoninbindungsstellen beeinflusst, resultiert ein höchst komplizierter Wirkmechanismus. Nach gegenwärtigem Erkenntnisstand kommt es nach Einnahme nicht zur Herabsetzung der psychomotorischen Leistungsfähigkeiten (etwa zu Einschränkung der Fahrtüchtigkeit). Toleranz, Entzugssymptomatik und Abhängigkeitsentwicklung wurden bis jetzt noch nicht beschrieben. Eingesetzt wird Buspiron v. a. bei der Generalisierten Angststörung, wo es ähnlich wirkungsvoll wie die Benzodiazepine ist, möglicherweise sogar noch stärker, und wegen der geringeren Gefahr der Abhängigkeitsentwicklung Letzteren oft vorgezogen wird.

Nachteil ist die oft lange Zeit bis zum Wirkungseintritt (etwa ein bis zwei Wochen), sodass die Akutbehandlung von Angstzuständen damit nicht gelingt.

Buspiron kann diverse Nebenwirkungen haben, etwa Benommenheit oder Schwindelzustände; Kontraindikationen sind Myasthenia gravis (pathologische Ermüdbarkeit einzelner Muskeln), akutes Engwinkelglaukom (eine Form erhöhten Augeninnendrucks), schwere Leber- und Nierenfunktionsstörungen sowie Neigung zu Krampfanfällen.

Pregabalin (Lyrica®)
Es handelt sich um ein Antikonvulsivum mit einem komplizierten Wirkmechanismus (mit GABAähnlichen Effekten ohne direkten Angriff an GABA-Rezeptoren), welches u. a. zur Behandlung der Generalisierten Angststörung zugelassen ist. Oft wird die These vertreten, es existiere kein Abhängigkeitspotential, was mittlerweile in Zweifel gezogen wird (Grosshans et al., 2010).

3.4.4 Pflanzliche Präparate

Sie erfreuen sich in manchen Kreisen großer Beliebtheit und sind auch ohne Rezept erhältlich. Teils werden sie zur Beruhigung und Anxiolyse eingenommen, teils zur Überwindung von Schlafstörungen.

Am bekanntesten sind hier Baldrian und Hopfenpräparate; gewisse Bedeutung hatte auch Kavain (Kawa-Kawa), welches aber mittlerweile wegen des möglichen Auftretens von Leberschäden aus dem Handel genommen wurde. Insgesamt sind die Effekte eher schwach, jedoch für viele Fälle durchaus ausreichend, v. a. im Rahmen der Selbstmedikation. Die Wirkungen dürften teils Placeboeffekte darstellen, teils nimmt man Angriffspunkte ähnlich denen der oben beschriebenen Substanzen an.

3.4.5 Andere Hypnotika

Nicht-Benzodiazepinhypnotika (Non-Benzodiazepinhypnotika)
Zu dieser Gruppe zählen die Substanzen Zopiclon (z. B. Ximovan®), Zolpidem (etwa Bikalm®, Stilnox®) und Zaleplon (Sonata®). Strukturchemisch sind sie von den Benzodiazepinen verschieden, dürften aber gleichfalls am Benzodiazepinrezeptor angreifen. Sie weisen eine kurze bis ultrakurze Halbwertszeit auf und werden deshalb als Hypnotika eingesetzt. Ob – wie zeitweise angenommen – durch sie die Struktur des physiologischen Schlafes weniger gestört wird, etwa die REM-Phasen weniger ausgeprägt als bei Benzodiazepinen unterdrückt werden, gilt mittlerweile eher als zweifelhaft.

Das Abhängigkeitspotenzial dieser Stoffe dürfte zwar geringer als bei den Benzodiazepinen sein; jedoch wurden in einzelnen Fällen Toleranzentwicklung und Entzugssymptomatik dokumentiert, sodass die Diskussion dazu noch nicht als abgeschlossen betrachtet werden kann (s. Benkert &. Hippius, 2013, S. 384).

Clomethiazol (Distraneurin®)
Diese v. a. zur Behandlung von Alkoholentzugssymptomatik eingesetzte Substanz hat eine ausgezeichnete hypnotische Wirkung. Wegen des hohen Abhängigkeitspotenzials wird jedoch empfohlen, sie als Schlafmittel nicht oder nur in sehr speziellen Fällen einzusetzen – und das für möglichst kurze Zeit. Als Wirkmechanismus wird eine direkte Öffnung des Chloridionenkanals angenommen; ebenfalls in Diskussion steht eine Verstärkung der inhibitorischen Eigenschaften des Aminosäuretransmitters Glycin.

Chloralhydrat (Chloraldurat®)
Dieser verschiedentlich als Einschlafmittel empfohlene Stoff wird, wenn überhaupt, vornehmlich in Kliniken eingesetzt. Es handelt sich um ein rasch wirkendes Hypnotikum; dabei soll die Hemmung des REM-Schlafes – anders als etwa bei den Benzodiazepinen – gering sein. Toleranzentwicklung und eine zuweilen ausgeprägte Entzugssymptomatik bei abruptem Absetzen wurden beschrieben. Zu bedenken sind zudem die geringe therapeutische Breite und vergleichsweise zahlreiche Kontraindikationen (nach Benkert & Hippius, 2013, S. 405f.).

L-Tryptophan (Ardeytropin®, Kalma®)
Es handelt sich dabei um eine Vorstufe des Transmitters Serotonin, die gegenwärtig nur als Schlafmittel zugelassen ist und eher spärlich eingesetzt wird. Vermuteter Angriffspunkt sind serotonerge Neurone in den Raphe-Kernen des Hirnstamms, welche den Schlaf-Wach-Rhythmus mitregulieren, und deren Transmitterproduktion auf diese Weise verstärkt werden soll.

Antihistaminika

Diese durch Blockade des H_1-Rezeptors für Histamin sedierend wirkenden Stoffe sind teilweise rezeptfrei erhältlich, z. B. Diphenhydramin (u. a. Dolestan®, Sedovegan novo®, Vivinox®) oder Doxylamin (z. B. Sedaplus®); ebenfalls zu den Antihistaminika zählt das früher zu den Neuroleptika gerechnete Phenothiazinderivat Promethazin (Atosil®). Die Substanzen können wegen ihrer anticholinergen Effekte zahlreiche Nebenwirkungen (etwa Verstopfung, erschwertes Wasserlassen) haben, führen jedoch offenbar nicht oder nur selten zur Abhängigkeit.

Das gern von Allgemeinmedizinern und Internisten als Psychopharmakon eingesetzte Opipramol (Insidon®), welches ebenfalls dieser Gruppe zuzurechnen ist, greift offenbar nicht nur am H_1-Rezeptor an, sondern auch an anderen Transmittersystemen mit der Folge gewisser Anxiolyse, und hat zudem antidepressive Effekte.

Melatonin

Bei diesem v. a. in den USA und Kanada sehr verbreiteten Mittel handelt es sich um das von der Zirbeldrüse (Epiphyse, Pinealdrüse) sezernierte Hormon. Es entfaltet seine Wirkung über Sensibilisierung des Nucleus suprachiasmaticus; dieser Kern im Zwischenhirn wird als Sitz der „circadianen Uhr" betrachtet und reguliert anhand der Hell-Dunkel-Verhältnisse periodisch ablaufende Vorgänge, u. a. den Schlaf. Gute Hinweise gibt es, dass Melatonin die Umstellung des Organismus nach Zeitverschiebungen (Jetlag) erleichtert. Davon unabhängig hat die Substanz gewisse hypnotische Wirkung (Pinto, Seabra & Tufik, 2004); ob es sich hierbei um ein weitgehend physiologisches Schlafmittel (ohne Störung der „Schlafarchitektur") handelt, ist augenblicklich nicht zu entscheiden; auch Nebenwirkungen lassen sich keineswegs ausschließen. Immerhin ist mittlerweile ein Melatoninpräparat in Deutschland als apothekenpflichtiges, jedoch rezeptfreies Medikament zugelassen, nämlich Circadin®; insbesondere sollen ältere Personen von diesem Hypnotikum profitieren.

3.5 Medikamente zur Behandlung demenzieller Syndrome (Antidementiva, Nootropika)

3.5.1 Definitionen; Überblick

Das demenzielle Syndrom, welches bei verschiedenen Grundkrankheiten auftreten kann, ist im Wesentlichen gekennzeichnet durch Gedächtnisstörungen (oft als

Frühsymptom) sowie weitere kognitive Einschränkungen (Konzentrationsverlust, gestörte Informationsverarbeitung, Mangel an Urteilsvermögen), daneben durch affektive und motivationale Störungen (u. a. Gefühlsinkontinenz, Verminderung der emotionalen Kontrolle, Antriebslosigkeit). Im weiteren Krankheitsverlauf kann es zu Beeinträchtigungen bei den Routineaktivitäten kommen, so beim Anziehen, Waschen und Essen; schließlich werden viele der Betroffenen pflegebedürftig.

Dieses Syndrom tritt am häufigsten im Rahmen der Alzheimer'schen Krankheit auf (Demenz vom Alzheimer Typus = DAT genannt), kann Folge von Gefäßveränderungen im Gehirn sein (vaskuläre Demenz), schließlich im Rahmen anderer hirnorganischer Prozesse (etwa bei Parkinson-, Huntington-, Creutzfeldt-Jakob-Krankheit) oder im Spätstadium der HIV-Infektion auftreten (AIDS-Demenz); weitere Demenzformen sind die frontotemporale Demenz (mit der Unterform Morbus Pick) und die Demenz vom Lewy-Körperchen-Typus.

Bei der Alzheimer-Krankheit finden sich charakteristische neuropathologische Veränderungen sowie eine verminderte Anzahl kortikaler Synapsen; angenommen wird eine reduzierte Aktivität cholinerger Neurone, wobei das Acetylcholin synthetisierende Enzym Cholinacetyltransferase dezimiert ist (Acetylcholinhypothese der Alzheimer-Demenz, s. etwa Köhler, 2005, S. 40ff., sowie Köhler, 2010c). Die Symptomatik setzt i. Allg. schleichend ein, geht wenigstens zu Beginn nicht mit neurologischer Symptomatik einher und verschlechtert sich stetig mit mehr oder weniger großer Geschwindigkeit; frühzeitig auftretende Formen der Alzheimer-Demenz zeigen in der Regel einen rascheren Verlauf.

Hingegen treten die kognitiven Defizite bei vaskulärer Demenz häufig zum ersten Male im Rahmen von mehreren kleinen durchblutungsbedingten zerebralen Schädigungen auf (seltener nach einem „großen" Schlaganfall); in der Vorgeschichte finden sich häufig Zeichen flüchtiger Durchblutungsstörungen des Gehirns. Der Verlauf ist weniger gleichförmig als bei der Demenz vom Alzheimer-Typ: Sprunghafte Verschlechterungen kommen ebenso vor wie mehr oder weniger vollständige Rückbildung der demenziellen Symptomatik; Kopfschmerzen und andere neurologische Begleiterscheinungen („Herdsymptome") sind häufiger. Der Symptomatik zu Grunde liegen Verengungen von Hirngefäßen (zur Symptomatik der anderen Demenzen s. etwa Köhler, 2012, S. 33ff.).

Für die medikamentöse Behandlung standen lange Zeit lediglich Substanzen zur Verfügung, deren Wirksamkeit nicht belegt war und die verschiedene, im Einzelnen nicht immer geklärte Angriffspunkte besitzen. Zu diesen älteren Nootropika (von griech. nous = Verstand; trepein = wirken auf) dieses Typs gehören beispielsweise Nicergolin, Piracetam, Pyritinol und Ginkgo-Präparate. Eine weitere Gruppe von Nootropika (die Antidementiva im eigentlichen Sinne) basieren auf einer Hemmung der Acetylcholinesterase, womit die synaptische Verfügbarkeit von Acetylcholin steigt. Ihre Wirksamkeit bei leichten oder mittelschweren Demenzen vom Alzheimer-Typ ist gut belegt, weshalb entsprechende Zulassungen vorliegen. Auch bei anderen Demenzformen (etwa vaskulärer Demenz, Lewy-Körperchen-Demenz, Parkinson-Demenz) dürften diese Substanzen wirken, sind jedoch nicht generell für diese Indikationen zugelassen. Acetylcholinesterasehemmer können nicht unbeträchtliche Nebenwirkungen aufweisen (beispielsweise Störungen der Atmung, Beeinträchtigungen im Verdauungstrakt, Reizbildungsstörungen am Herzen), sodass ihr Einsatz nur erfolgen sollte, wenn eine Demenz vom Alzheimer-Typ leichteren oder mittleren Schweregrades weitgehend sichergestellt ist. Zunehmende Bedeutung in der Behandlung demenzieller Syndrome haben auch Stoffe, die hemmend in das glutamaterge System eingreifen, so der NDMA-Antagonist Memantine (Axura®, Ebixa®), welcher als einzige der genannten Substanzen auch zur Behandlung der schweren Alzheimer-Demenz zugelassen ist.

Tabelle 6 (nach Köhler 2014c, S. 89) stellt die wichtigsten Nootropika (Antidementiva) und ihre vermuteten Wirkmechanismen vor.

3.5.2 Nootropika ohne wesentliche Wirkung auf die Acetylcholinesterase

Wie aus Tabelle 6 zu ersehen, sind die angenommenen Wirkmechanismen dieser Substanzen sehr unterschiedlich und keineswegs vollständig geklärt. Auch ihre tatsächliche Wirksamkeit steht zur Diskussion; am wenigsten umstritten ist dies augenblicklich bei Ginkgopräparaten.

Indikationen für diese Medikamente sind im Wesentlichen vaskuläre Demenzen oder Demenzen vom Alzheimer-Typ, bei denen Acetylcholinesterasehemmer wegen Kontraindikationen bzw. starker Nebenwirkungen nicht gegeben werden können oder unzureichende Wirkung zeigen. Die genannten Substanzen dürften – mit der eventuellen Ausnahme des Calciumantagonisten Nimodipin – wenig Nebenwirkungen aufweisen und haben kaum Kontraindikationen.

3.5.3 Acetylcholinesterasehemmer

Die Wirksamkeit dieser Substanzen ist besser nachgewiesen als die der sonstigen Nootropika. Gleichwohl gilt ihre Zulassung nur für leichte bis mittelschwere Demenzen bei Alzheimer-Krankheit, obwohl auch für schwerere Formen der Alzhei-

Tabelle 6: Nootropika (Handelsnamen nur in Auswahl) und angenommene Wirkprinzipien

Generic name (in Klammern Handelsnamen)	Wirkprinzip (vermutet)
Nootropika, deren Wirkung nicht wesentlich auf Hemmung der Acetylcholinesterase basiert	
Co-dergocrin bzw. Dihydroergotoxin (Ergodesit®, Orphol®, Hydergin®, DCCK®)	Agonismus an α- und 5-HT-Rezeptoren?
Ginkgo biloba (Tebonin®, Kaveri®, Rökan®, diverse Generika)	Hemmung von Blutplättchenaggregation, antioxidative Wirkung?
Nicergolin (Ergobel®, diverse Generika)	Agonismus an α- und 5-HT-Rezeptoren
Nimodipin (Nimotop®, Nimotop S®, diverse Generika)	Calciumantagonismus (Blockierung von Calciumkanälen)
Piracetam (Nootrop®, Normabrain®, Cerepar N®, diverse Generika)	unklar (Beeinflussung von Ionenströmen an Membranen, Wirkung auf GABAerges System?)
Pyritinol (Encephabol®)	Verbesserung der Glukoseverwertung?
Acetylcholinesterasehemmer	
Donepezil (Aricept®, Aricept Evess®)	Hemmung der Acetylcholinesterase
Rivastigmin (Exelon®, Exelon transdermales Pflaster®)	Hemmung der Acetylcholinesterase
Galantamin (Reminyl®)	Hemmung der Acetylcholinesterase
NMDA-Antagonisten	
Memantine (Axura®, Ebixa®)	Antagonismus am NMDA-Rezeptor für Glutamat

mer-Demenz sowie manche Demenzen anderer Genese (etwa für vaskuläre Demenz) diesbezügliche Hinweise bestehen. Angesichts der zahlreichen möglichen Nebenwirkungen sowie der nicht geringen Therapiekosten sollte die Verordnung von Acetylcholinesterasehemmern auf keinen Fall leichtfertig geschehen.

Viele Nebenwirkungen und Kontraindikationen der Präparate lassen sich daraus ableiten, dass sie die Übertragung an cholinergen Synapsen fördern, die nicht nur im Kortex lokalisiert sind, sondern u. a. an parasympathisch innervierten Organen.

Es findet sich somit verstärkte Konstriktion und Sekretion an den Bronchien, Förderung der Magensäureproduktion, Anregung der Darmperistaltik, Verlangsamung der Erregungsbildung und -überleitung am Herzen. Daraus ergeben sich als Nebenwirkungen Magen-Darm-Beschwerden und Herz-Kreislauf-Störungen (z. B. Blutdruckabfall, Schwindel, Bradykardie = Verlangsamung des Herzschlags), insbesondere zu Beginn der Therapie. Als Kontraindikationen bzw. bei der Behandlung mit diesen Präparaten genau zu beachtende Krankheiten werden daher Asthma bronchiale, Erregungsbildungsstörungen am Herzen, Magen-Darm-Geschwüre und Lebererkrankungen genannt.

3.5.4 NMDA-Antagonisten

Sie werden unter der Annahme eingesetzt, dass das in höheren Dosen neurotoxische, bei Zelluntergang frei gesetzte Glutamat ebenfalls in der Pathogenese der Alzheimer-Krankheit eine Rolle spielt; entsprechend soll eine wichtige Bindungsstelle für diesen Transmitter, nämlich der sogenannte NMDA-Rezeptor, blockiert werden. Das einzige augenblicklich im Handel befindliche, auf diesem Prinzip basierende Präparat Memantine (Axura®, Ebixa®) ist für die Behandlung auch schwerer Demenzen dieses Typs zugelassen (im Gegensatz zu Acetylcholinesterasehemmern, die Zulassung nur für leichte und mittelschwere Ausprägungen besitzen).

3.6 Medikamente zur Behandlung substanzbedingter Störungen

3.6.1 Überblick

Im Rahmen des fortgesetzten Konsums psychotroper Substanzen (etwa von Alkohol, Opioiden, Nikotin) können Symptome auftreten, die teilweise mit Psychopharmaka behandelt werden. Zu nennen ist hier zunächst die akute Intoxikation, zudem das Entzugssyndrom, welches im typischen Fall dann auftritt, wenn nach mehr oder weniger regelmäßiger Einnahme einer Substanz diese plötzlich nicht mehr verfügbar ist. Bekanntestes Beispiel ist das Alkoholentzugssyndrom, welches in schweren Fällen mit epileptischen Anfällen und deliranter Symptomatik einhergeht.

Weiter kann es im Rahmen des Substanzkonsums zur regelrechten Abhängigkeit kommen, die nicht nur oft durch Entzugssymptomatik, sondern auch durch weitere Eigenheiten charakterisiert ist (z. B. eine zwanghafte Gier nach der Substanz, fehlende Kontrolle hinsichtlich der eingenommenen Mengen, Konsum trotz bereits erfolgter oder zu erwartender Schädigungen). Gerade die Gier nach der Substanz (das „Craving") bleibt zuweilen jahrzehntelang bestehen (auch wenn die akute Entzugssymptomatik längst abgeklungen ist) und erklärt, warum viele Personen nach langer Abstinenz rückfällig werden. Anti-Craving-Mittel sollen diese Gier unterdrücken; im Falle der Alkoholabhängigkeit ist für Acamprosat sowie Naltrexon eine diesbezügliche Wirksamkeit nachgewiesen und es liegt eine entsprechende Zulassung vor. Ein anderes Prinzip der Rückfallprophylaxe ist die Gabe von Medikamenten, welche bei Abstinenten keine Wirkung haben, im Falle des Konsums der zu vermeidenden psychotropen Substanz jedoch zu unangenehmen Reaktionen führen. Ein Medikament, das bei Alkoholeinnahme solche aversiven Effekte hervorruft, ist (das in Deutschland mittlerweile nicht mehr zugelassene) Disulfiram (Antabus®). Ebenfalls in gewissem Sinne der Entwöhnung dient die Substitutionstherapie, wobei die psychotrope Substanz zwar weiter zugeführt wird, jedoch in weniger schädlicher Form. Nikotinpflaster etwa führen Nikotin transdermal (durch die Haut) zu, nicht in Form des sehr viel mehr gesundheitsschädlichen Tabakrauches.

Im Folgenden seien Medikamente wie Clomethiazol (Distraneurin®) als Entgiftungsmittel bezeichnet, Substanzen wie Acamprosat (Campral®) oder Disulfiram (Antabus®), die der Rückfallprophylaxe dienen, als Entwöhnungsmittel, schließlich Methadon und Substanzen ähnlicher Wirkung (ebenso Nikotinpflaster und Nikotinkaugummi) als Substitutionsmittel. Tabelle 7 (nach Köhler, 2014c, S. 93) stellt die Medikamente zusammen; nicht genannt sind Pharmaka zur Behandlung der akuten Intoxikation, welche teils als psychiatrische, teils oft auch internistische Notfallsituation hier nicht weiter thematisiert werden soll.

3.6.2 Medikamente zur Behandlung von Entzugssymptomatik (Entgiftungsmittel)

Clomethiazol (Distraneurin®)
Das Alkoholentzugssyndrom stellt mit begleitenden epileptischen Anfällen, schwerer Herz-Kreislauf-Symptomatik und Delir zuweilen einen lebensbedrohlichen Zustand dar, dessen Letalität bei sachgemäßer Behandlung jedoch heute niedrig ist. Zumindest in schweren Fällen kommt in Deutschland mehr oder weniger routinemäßig dabei Clomethiazol (Distraneurin®) zum Einsatz, welches mit seiner sedierenden und

3.6 Medikamente zur Behandlung substanzbedingter Störungen

Tabelle 7: *Medikamente zur Behandlung substanzbedingter Störungen*

Generic name (Auswahl von Handelsnamen in Klammern)	Charakterisierung und Anwendung
Entgiftungsmittel (Medikamente zur Behandlung von Entzugssymptomatik)	
Clomethiazol (Distraneurin®)	Standardmittel in Deutschland zur Behandlung schwerer Alkoholentzugssymptomatik
Benzodiazepine, bestimmte Neuroleptika	eventuell alternativ zu Clomethiazol beim Alkoholentzug
Clonidin (Catapresan®, diverse Generika)	Behandlung des Opiatentzugs, eventuell zusätzlich beim Alkoholentzugssyndrom
Entwöhnungsmittel (Mittel zur Rückfallprophylaxe)	
Anticravingmittel (Substanzen zur Dämpfung der Gier)	
Acamprosat (Campral®)	Dämpfung des Verlangens nach Alkohol bei erreichter Abstinenz
Naltrexon (Nemexin®, Adepend®)	Dämpfung der Opiatgier nach Abstinenz; auch zur Bekämpfung des Cravings nach Alkohol
Bupropion (Zyban®) Vareniclin (Champix®)	Entwöhnungsmittel bei Nikotinabhängigkeit
Aversivreaktionen erzeugende Substanzen	
Disulfiram (Antabus®)	führt bei Alkoholgenuss zu unangenehmen Begleiterscheinungen
Substitutionsmittel	
Methadon (Methaddict®) Levomethadon (L-Polamidon®) Buprenorphin (Subutex®, Cras®, Suboxone®)	führt Opiatabhängigen ein Opioid in weniger schädlicher Form zu
Nikotinpflaster und -kaugummi	führt Ex-Rauchern Nikotin in weniger schädlicher Form zu

antikonvulsiven Wirkung wesentliche Entzugssymptome bekämpft. Häufig werden weitere intensivmedizinische Maßnahmen herangezogen, beispielsweise die zusätzliche Gabe von Clonidin (Catapresan®) bei schwerer Kreislauf-Symptomatik. Als

Wirkmechanismus von Clomethiazol wird hauptsächlich ein Agonismus am $GABA_A$-Rezeptor angenommen (also ein ähnlicher Effekt wie der von Alkohol). Zu bedenken ist, dass bei Medikation mit diesem Pharmakon Abhängigkeitsentwicklungen häufig sind, weshalb die Substanz nicht länger als zwei Wochen verordnet werden sollte.

Alternativ werden zuweilen Benzodiazepine gegeben (insbesondere in den USA, wo für Clomethiazol keine Zulassung besteht); sie sind wiederum in Deutschland jedoch für diese Indikation nicht zugelassen. Benzodiazepine wirken ähnlich wie Clomethiazol sedierend und antikonvulsiv und greifen ebenfalls am $GABA_A$-Benzodiazepinrezeptor-Komplex an (s. 3.4.2). Auch Neuroleptika (Antipsychotika) werden unter gewissen Umständen eingesetzt, wobei allerdings zu berücksichtigen ist, dass unter einigen von ihnen die Krampfschwelle gesenkt wird.

Clonidin (Catapresan®)
Diese ursprünglich als Blutdrucksenker eingesetzte Substanz ist v. a. Mittel der Wahl beim (nicht opioidgestützten) Opiatentzugssyndrom. Ihre dämpfende Wirkung wird vornehmlich auf eine Verminderung der Feuerungsrate noradrenerger Neurone zurückgehen, speziell im Locus caeruleus des Hirnstamms. Wichtige Nebenwirkungen sind Blutdruckveränderungen und Pulsverlangsamung, Kontraindikationen in erster Linie bestimmte Erkrankungen des Herz-Kreislauf-Systems.

3.6.3 Entwöhnungsmittel

Acamprosat (Campral®)
Dies ist augenblicklich sicher die wichtigste Substanz zur Bekämpfung des Verlangens nach Alkohol. Die Wirksamkeit in der Rückfallprophylaxe ist gut belegt, wobei die diesbezügliche Euphorie im Laufe der Jahre doch etwas abgeflaut ist. Als wesentlicher Mechanismus wird eine Blockade der durch chronischen Alkoholkonsum vermehrten und sensitivierten NMDA-Rezeptoren für Glutamat angenommen (Mann, Kiefer, Spanagel & Littleton, 2008); Acamprosat würde somit genau den Effekt haben, den Alkoholzufuhr auf die Transmittersysteme ausübt und damit diese unter neurochemischen Gesichtspunkten überflüssig machen. Sinnvoll ist diese medikamentöse Behandlung speziell im Rahmen breiterer Therapiekonzepte, die psycho- und soziotherapeutische Maßnahmen einschließen.

Naltrexon (Nemexin®)
Dieser Antagonist am µ-Opioidrezeptor ist zur Entwöhnungsbehandlung (nach erreichter Abstinenz) bei Opiatabhängigen zugelassen und vermindert die Gier

3.6 Medikamente zur Behandlung substanzbedingter Störungen

nach diesen Substanzen, besitzt aber selbst kein Abhängigkeitspotenzial. Da bei Personen, die Opiate einnehmen, dadurch Entzugssymptome provoziert werden können, muss vor der Behandlung eine länger bestehende Abstinenz gesichert sein. Auch ist zu beachten, dass Abhängige zuweilen den antagonistischen Effekt des Medikaments mit hohen Opiatdosen aufzuheben versuchen, womit es zur akuten Intoxikation kommen kann. Auch wird diskutiert, dass nach Absetzen von Naltrexon die Opiatrezeptoren besonders empfindlich sind, sodass dann konsumierte Opioide deutlich stärkeren Effekt haben können (s. Benkert & Hippius, 2013, S. 522).

Mittlerweile ist diese Substanz unter dem Namen Adepend® auch zur Rückfallprophylaxe der Alkoholabhängigkeit zugelassen. Während die Wirksamkeit nicht in Zweifel steht, ist der Wirkmechanismus noch unklar; eine Hypothese ist, dass Alkohol über Beeinflussung des endogenen Opioidsystems seine Wirkung ausübt und Opiatantagonisten diese Effekte hemmen.

Disulfiram (Antabus®)

Dieses ist kein Anti-Craving-Mittel wie Acamprosat oder Naltrexon, sondern wirkt alkoholsensibilisierend, d. h. aversive Alkoholeffekte verstärkend; seine Wirkung beruht vermutlich auf reversibler Hemmung des abbauenden Enzyms Aldehyddehydrogenase (ALDH). Bereits bei Aufnahme geringer Alkoholmengen tritt im typischen Fall nach einigen Minuten eine mehrere Stunden anhaltende, ausgesprochen unangenehme Symptomatik auf, u. a. Hitzegefühle, Kreislauf- und Atembeschwerden, Kopfschmerzen, Übelkeit und Erbrechen; zu beachten ist, dass nach anfänglichem Blutdruckanstieg ein akuter Abfall erfolgen kann. Absolute Abstinenz ist deshalb unabdingbar. Nachdem wirksame Anticraving-Mittel zur Verfügung stehen, ist die Therapie mit Disulfiram keineswegs unumstritten – mittlerweile ist das Medikament in Deutschland gar nicht mehr im Apothekenhandel (kann aber noch aus dem Ausland bezogen werden).

Bupropion (Cyban®)

Die Wirksamkeit dieser seit einigen Jahren als Raucherentwöhnungsmittel zugelassenen Substanz ist gut belegt. Allerdings wird über zahlreiche Nebenwirkungen berichtet, bei denen nicht immer klar ist, wieweit sie nicht eher auf den Nikotinentzug zurückgehen (z. B. die häufig beschriebene Depression). Als Reuptake-Hemmer für Dopamin und Noradrenalin würde man für Bupropion sogar eher positive Effekte auf die Stimmung erwarten – wie erwähnt, ist die Substanz unter dem Handelsnamen Elontril® als Antidepressivum zugelassen.

Vareniclin (Champix®)

Dieses Raucherentwöhnungsmittel hat seinen wichtigsten Angriffspunkt am nikotinergen Acetylcholinrezeptor, an dem er in komplizierter Weise agonistisch und antagonistisch zugleich wirkt. Wie bei Cyban® sollte nach gewisser Zeit die Behandlung beendet werden.

3.6.4 Substitutionsmittel

Methadon und Levomethadon
Die Methadonsubstitution Opiatabhängiger wurde lange nur mit dem linksdrehenden L-Methadon (Levomethadon [L-Polamidon®]) durchgeführt; mittlerweile steht als kostengünstigere Alternative mit Methaddict® ein Racemat (eine Mischung aus links- und rechtsdrehendem Methadon) zur Verfügung – seit Kurzem liegt mit Eptadone® auch eine flüssige Form vor. Levomethadon, welches ausschließlich die allein im Körper aktive linksdrehende Form L-Methadon enthält, ist wesentlich stärker.

Die Substanz wirkt als Agonist am µ-Rezeptor für Opioide und soll daher andere bisher zugeführte Substanzen dieser Gruppe, insbesondere das intravenös applizierte Heroin, ersetzen. Methadon ist dafür in besonderem Maße geeignet, weil es keinem nennenswerten First-Pass-Effekt in der Leber unterliegt und daher bei oraler Gabe ohne wesentlichen Verlust resorbiert wird; zusätzlich von Vorteil ist die lange Halbwertszeit: Abhängig vom Stadium der Behandlung genügt typischerweise einmalige tägliche Einnahme. Alles andere als selten ist jedoch gleichzeitiger Konsum anderer Opioide; im Rahmen der Methadonsubstitution kann es daher zu lebensbedrohlichen Überdosierungen kommen.

Buprenorphin
Seit einiger Zeit steht mit Buprenorphin (z. B. Subutex®) ein weiteres Substitutionsmittel bei Opiatabhängigkeit zur Verfügung, welches sublingual zu applizieren ist (unter der Zunge zergehen soll). Bei versehentlichem Schlucken durch Nicht-Abhängige (beispielsweise Kinder) ist die Vergiftungsgefahr daher weniger groß als bei Methadon; hinzu kommt, dass die Substanz als kombinierter Agonist-Antagonist an Opioidrezeptoren eine geringere Gefahr von Nebenwirkungen birgt (etwa der gefürchteten Atemdepression); zudem ist auf Grund der langen Halbwertszeit eine seltenere Einnahme erforderlich. Allerdings kann die Substanz aufgelöst einfacher intravenös gespritzt werden als die als Take-home-Therapie verabreichte Levomethadon-Lösung, welche die Gefäßwände schädigt. Mit Suboxone® (einer Kombination aus Buprenorphin und dem Opiatantagonisten Naloxon) liegt insofern eine Weiterentwicklung vor, als hier missbräuchliche intravenöse Applikation wirkungslos ist.

3.7 Psychostimulanzien

In diese Gruppe gehören neben dem harmlosen Psychostimulans Koffein in erster Linie Amphetamin und (und das nicht zu Behandlungszwecken zugelassene) Methamphetamin, zudem Methylphenidat. Obwohl sie deutlich wünschenswerte psychoaktive Eigenschaften besitzen, insbesondere (wenigstens in mäßigen Dosen) konzentrationsfördernd, antriebssteigernd und depressionslösend sind, werden sie – nicht zuletzt wegen des großen Abhängigkeitspotentials – nur bei sehr spezifischen Indikationen (Aufmerksamkeitsdefizit-Hyperaktivitäts-Störung, Narkolepsie) therapeutisch eingesetzt.

Amphetamin und seine Abkömmlinge entfalten ihre Wirkung vornehmlich durch vermehrte Freisetzung von Dopamin und Noradrenalin aus dem präsynaptischen Neuron; Methylphenidat blockiert die Transporterproteine und erschwert so den Monoamin-Reuptake in das präsynaptische Neuron (s. dazu Köhler, 2014b, S. 124f. und die dort angeführte Literatur). Neben diversen einer Aktivierung des sympathischen Nervensystems entsprechenden Reaktionen (etwa Blutdrucksteigerung, Pulsbeschleunigung, Erhöhung der Atemfrequenz, Bronchialerweiterung, Pupillenvergrößerung, Erhöhung der Körpertemperatur) finden sich bemerkenswerte psychische Veränderungen: Antriebssteigerung, Vertreibung von Müdigkeit, Dämpfung des Hungergefühls sowie Euphorisierung. Während Amphetamine lange großzügig verschrieben wurden – etwa als Appetitzügler –, sind mittlerweile die meisten Psychostimulanzien aus dem Handel genommen und werden nur für wenige neurologische Indikationen (wie der Narkolepsie) und bei sehr eingeschränkten psychiatrischen Störungsbildern, speziell ADHS, eingesetzt; die wenigen im Handel verbliebenen Medikamente unterliegen dem Betäubungsmittelgesetz, und ihre Verabreichung hat nach der Betäubungsmittel-Verschreibungs-Verordnung (BtMVV) zu erfolgen; das bekannteste davon ist Methylphenidat (etwa Ritalin®, Medikinet®, Concerta®, Equasym®, diverse Generika).

Letzteres Medikament wird hauptsächlich zur Behandlung von Hyperaktivitätsstörungen im Kindesalter eingesetzt. Interessanterweise dämpft diese bei Gesunden normalerweise zur Aktivierung führende Substanz bei hyperaktiven Kindern Unruhe und Impulsivität und verbessert die Aufmerksamkeit, wobei der Wirkmechanismus nach wie vor nur bedingt klar ist. Am plausibelsten scheint die Hypothese, dass bei den Betroffenen eine Unterstimulation des Gehirns vorliegt, welche sie durch das hyperaktive Verhalten anregen wollen; diese Notwendigkeit würde nach Gabe eines Psychostimulans entfallen.

Nach gegenwärtigen Erkenntnissen sind die Nebenwirkungen bei sachgemäßer Dosierung und Verabreichung vergleichsweise gering. Allerdings ist eine mögliche Störung des Wachstums zu beachten; Therapieunterbrechungen – beispielsweise über die Schulferien – gelten daher als ausgesprochen sinnvoll. Das Abhängigkeitspotenzial wird bei dieser Indikation letztlich als niedrig erachtet. Als weitgehend gesichert ist außerdem zu betrachten, dass bei Erwachsenen, welche in der Kindheit mit Methylphenidat behandelt wurden, das Risiko des Drogenkonsums nicht erhöht ist.

Während die psychostimulierenden Substanzen Pemolin (Tradon®) und Modafinil (Vigil®) heute in der Behandlung von kindlichem ADHS keine Bedeutung mehr haben, bleibt eine Alternative zu Methylphenidat weiter D,L-Amphetamin, welches mittlerweile als Fertigpräparat unter dem Namen Elvanse® in Deutschland zur Verfügung steht; länger auf dem Markt ist schon das D-Amphetamin unter dem Handelsnamen Attentin®.

Atomoxetin (Strattera®) ist als Noradrenalin-Wiederaufnahme-Hemmer kein eigentliches Psychostimulans, ist nebenwirkungsreicher als lange gedacht und gilt nur als Mittel der 2. Wahl – nach Methylphenidat und den genannten Amphetaminpräparaten (s. Benkert & Hippius, 2013, S. 573ff.).

4

Pharmakologische Behandlung psychischer Störungen und deren Wirksamkeit

4.1 Vorbemerkungen

Nachdem bei Vorstellung der verschiedenen Klassen von Psychopharmaka im letzten Kapitel bereits auf ihre Indikationen hingewiesen wurde, sollen nun systematisch – ungefähr der Reihenfolge in ICD-10 folgend – wichtige psychische Störungen und die Möglichkeiten ihrer pharmakologischen Behandlung zur Sprache kommen, zudem einige Worte zur erwarteten Wirksamkeit gesagt werden. Letzteres wird i. Allg. nicht mit einer eindeutigen Feststellung enden, denn bekanntlich bestehen viele psychische Störungen aus mehreren Symptomen (bei der Schizophrenie beispielsweise aus Positiv- und Negativsymptomatik, bei depressiven Störungen Veränderungen des Antriebs und der Stimmung), und oft sind die Psychopharmaka diesbezüglich unterschiedlich wirksam. Zusammenfassend lässt sich jetzt schon sagen, dass die Psychopharmaka bei den gegebenen Indikationen zwar wirken – sonst wäre die entsprechende Zulassung gar nicht erfolgt –, allerdings nicht auf alle Symptome in gleichem Maße und selbst da, wo sie wirksam sind, nicht völlig ausreichend bzw. nur unter Inkaufnahme oft erheblicher Nebenwirkungen. Gleichwohl kann in der Regel nicht auf pharmakologische Behandlung verzichtet werden. Am meisten umstritten ist Letztere für depressive Störungen – wo einige Analysen letztlich kaum Unterschiede gegenüber Placebobehandlung nachwiesen; dieses Thema soll daher am ausführlichsten diskutiert werden.

4.2 Demenzen

Demenz (oder besser ausgedrückt: ein demenzielles Syndrom) kann im Rahmen verschiedener Grundkrankheiten auftreten, wobei die Symptome, wenigstens initial, durchaus unterschiedlich sein können: So beginnen die frontotemporalen Demenzen (etwa die Pick-Demenz) vornehmlich mit Wesensveränderungen (typischerweise im Sinne von Enthemmung), während bei der Alzheimer-Demenz zunächst kognitive Beeinträchtigungen im Vordergrund stehen und sich die emotionalen sowie motivationalen Veränderungen erst später zeigen.

Gekennzeichnet ist das demenzielle Syndrom im Wesentlichen durch Gedächtnisstörungen (die oft als Frühsymptom auffallen und typischerweise mit Einspeicherungsstörungen beginnen, während die Reproduktion früher erworbener Inhalte noch länger erhalten ist); hinzu kommen weitere kognitive Einschränkungen (etwa Konzentrationsverlust, gestörte Informationsverarbeitung, zunehmender Mangel an Urteilsvermögen), außerdem affektive und motivationale Veränderungen (Verminderung der emotionalen Kontrolle, Antriebslosigkeit). Im weiteren Krankheitsverlauf treten häufig Beeinträchtigungen in den täglichen Routineaktivitäten (z. B. beim Anziehen, Waschen und Essen) auf; viele der Betroffenen werden schließlich pflegebedürftig und müssen in „Heimen" untergebracht werden.

Am häufigsten ist das demenzielle Syndrom im Rahmen der Alzheimer-Krankheit zu beobachten oder als Folge von Gefäßveränderungen im Gehirn („vaskuläre Demenz"). Seltener tritt es im Kontext anderer hirnorganischer Prozesse auf (etwa bei Pick-, Parkinson-, Huntington-, Creutzfeldt-Jakob-Krankheit) oder im Spätstadium der HIV-Infektion (AIDS-Demenz). Eine Unterscheidung der einzelnen Demenzformen ist nicht immer einfach, aber von beträchtlicher therapeutischer Bedeutung: Während die Demenz bei Alzheimer-Krankheit (wenigstens nicht allzu schwere Formen) für gewisse Zeit oft recht gut auf Cholinesterasehemmer anspricht, sind diese Substanzen bei der vaskulären Demenz nicht sicher wirksam; augenblicklich steht die Zulassung dafür aus – was u. a. bedeuten kann, dass die Krankenkassen die Kosten einer solchen Behandlung nicht übernehmen.

Hier sei nur auf die beiden häufigsten Demenzformen eingegangen.

Demenz bei Alzheimer-Krankheit

Die Demenz bei Alzheimer-Krankheit, auch Demenz von Alzheimer Typ (DAT) genannt, ist gekennzeichnet durch die oben geschilderten kognitiven, affektiven und motivationalen Einschränkungen. Im Gegensatz zur vaskulären Demenz setzt sie eher schleichend ein und verläuft progredient ohne allzu große Sprünge im Verlauf; neurologische Symptomatik wie Halbseitenlähmung oder Gesichtsfeldausfälle findet sich in der Regel zu Beginn nicht.

Liegt der Beginn der Erkrankung vor dem 65. Lebensjahr („präsenile Demenz vom Alzheimer-Typ oder nach ICD-10: Demenz bei Alzheimer-Krankheit mit frühem Beginn), kommt es meist rasch zur Verschlechterung, und der Verlauf bis zum Tode ist eher kurz. Bei der Demenz bei Alzheimer-Krankheit mit spätem Beginn beobachtet man langsame Progredienz; Gedächtnisstörungen stehen lange im Vordergrund. Die mittlere Verlaufsdauer wird mit etwa 8–10 Jahren angegeben, wobei auch deutlich längere Verläufe vorkommen können; in späteren Stadien treten häufig motorische Beeinträchtigungen hinzu, Probleme bei der Kontrolle von Darm und Blase sowie Bettlägerigkeit (s. dazu Köhler, 2010c und die dort angeführte Literatur).

Eine sichere Diagnose und Abgrenzung von anderen Demenzformen gelingt (augenblicklich) – trotz der Entwicklung von bestimmten Biomarkern – nur eindeutig post mortem durch den Nachweis charakteristischer neuropathologischer Veränderungen, nämlich der (sehr krankheitsspezifischen) Alzheimer-Fibrillen und gehäufter seniler Plaques. Bei den Ersteren handelt es sich um in den Neuronen gelegene Verklumpungen oder Knäuel („tangles") von Neurofibrillen, bei den Plaques um Ablagerungen zwischen den Nervenzellen (welche allerdings in geringerer Zahl auch im normalen gealterten Gehirn vorkommen). Sie bestehen hauptsächlich aus Amyloid, einer beim Untergang von Neuronen anfallenden pathologischen Eiweißvariante, deren Bedeutung noch nicht restlos klar ist, welche aber wahrscheinlich ihrerseits erst einen massiveren Zelluntergang bedingt (Amyloidhypothese der Alzheimer-Demenz).

Weiter geht man von Veränderungen in Transmittersystemen aus, speziell im cholinergen (Acetylcholin-Hypothese der Alzheimer-Demenz); angenommen wird u. a. Verminderung der Cholinacetyltransferase, eines Enzyms, welches die Synthese des Transmitters aus Essigsäure und Cholin katalysiert. Die Ursache der Alzheimer-Krankheit ist nach wie vor weitgehend ungeklärt; diskutiert werden genetische Faktoren, toxische Einflüsse (etwa erhöhte Aufnahme von Aluminium), Schädel-Hirn-Traumen und in letzter Zeit auch zunehmend Infektionen. Zunehmendes Alter fördert unzweifelhaft die Ausbildung der genannten Veränderungen, weshalb die ersten Symptome typischerweise erst spät im Leben auftreten. Falsch ist es jedoch, von „Altersdemenz" zu sprechen, denn hohes Alter ist weder hinreichende noch notwendige Bedingung für die Ausbildung der Störung.

Zumindest für leichte bis mittelschwere Fälle von Demenz bei Alzheimer-Krankheit ist die Wirksamkeit von Acetylcholinesterasehemmern wie Rivastigmin (Exelon®), Donepezil (Aricept®) oder Galantamin (Reminyl®) gut nachgewiesen, sodass diese Medikamente unter Berücksichtigung eventueller Kontraindikationen dabei häufig verordnet werden. Allerdings muss die Diagnose einer Alzheimer-Krankheit wahrscheinlich sein. Bei Demenzen anderer Natur wurden diese Substanzen lange angesichts der Nebenwirkungen und Kontraindikationen nicht oder nur sehr bedingt eingesetzt. Mittlerweile geschieht das zwar zunehmend häufiger, allerdings meist im Sinne einer Off-Label-Medikation; Zulassung besteht augenblicklich nur für Demenz vom Alzheimer-Typus, und zwar lediglich bei leichten und mittelschweren Formen, zudem für die Demenz bei Parkinsonkrankheit.

Die Substanzen können den Verlauf der Alzheimer-Demenz nur verlangsamen – wohl umso mehr, je früher sie gegeben werden. Kausaler wirkende Therapien müssten an der Bildung der toxischen Amyloidplaques ansetzen und werden verständlicherweise angesichts der Verbreitung des Störungsbildes mit Nachdruck gesucht; bis jetzt aber ist kein auf diesem Prinzip basierendes Medikament im Handel.

Die genannten Medikamente hemmen das Acetylcholin abbauende Enzym Acetylcholinesterase und erhöhen damit die synaptische Verfügbarkeit dieses Transmitters. Die bei Therapie mit Acetylcholinesterasehemmern (besonders zu Beginn der Behandlung) auftretenden Nebenwirkungen lassen sich weitgehend aus der Tatsache herleiten, dass diese Substanzen die Übertragung an cholinergen Synapsen verstärken und dass Letztere u. a. auch im vegetativen Nervensystem, speziell in seinem parasympathischen Anteil, zu finden sind: Verengung und verstärkte Sekretion der Bronchien, Anregung von Magensäureproduktion und Darmtätigkeit, Verlangsamung der Erregungsbildung und Überleitung am Herzen. Magen-Darm-Beschwerden sowie Herz-Kreislauf-Störungen (etwa Absinken des Blutdrucks, Verlangsamung der Pulsfrequenz, Schwindelzustände) sind nicht selten. Als Kontraindikationen bzw. bei der Behandlung zu beachtende Krankheiten werden daher Asthma bronchiale, Erregungsbildungsstörungen am Herzen und Magen-Darm-Geschwüre genannt, zudem bestimmte Lebererkrankungen.

Gegebenenfalls kann mit anderen Nootropika eine Therapie versucht werden, etwa mit Ginkgopräparaten (z. B. Tebonin®) oder dem Calciumantagonisten Nimodipin (Nimotop®), deren Wirksamkeit allerdings zumindest umstritten ist und die keineswegs nebenwirkungsfrei sind.

Gut belegt ist zudem die Wirksamkeit des NMDA-Antagonisten Memantine (Axura®), der auch bei schweren Fällen von Alzheimer-Demenz indiziert ist und mit Acetylcholinesterasehemmern kombiniert werden kann (Benkert & Hippius, 2013, S. 445). Dahinter steckt die Annahme, dass überhöhte Glutamatkonzentrationen toxisch wirken und durch Überstimulation des NMDA-Rezeptors für Glutamat kognitive Prozesse verschlechtern; allerdings wird Memantine nur beschränkte Wirksamkeit zugeschrieben, weshalb nach diesbezüglich wirksameren Substanzen gesucht wird (Olivares et al., 2012).

Vaskuläre Demenz

Die vaskuläre Demenz (früher als „Multiinfarktdemenz" bezeichnet) ist hinsichtlich der Symptomatik der Alzheimer-Demenz prinzipiell ähnlich, stellt jedoch ein weniger homogenes Krankheitsbild dar, indem manche kognitive Funktionen deutlich länger als andere erhalten bleiben können. Meist entwickelt sich die Symptomatik als Folge mehrerer kleiner Schlaganfälle, seltener nach einem einzigen großen. Im Vergleich zur Demenz vom Alzheimer-Typ ist der Beginn der vaskulären Demenz eher abrupt; die Verschlechterung vollzieht sich mehr in einzelnen Schritten als kontinuierlich; neurologische Herdsymptome sind deutlicher ausgeprägt (nach ICD-10, S. 68ff.).

Mit Computer- oder Kernspintomographie lassen sich zuweilen die durchblutungsbedingten Gewebsschäden darstellen; eine sichere Diagnosestellung gelingt jedoch auch hier oft erst durch Obduktion, bei der sich Infarktherde und arteriosklerotische Gefäßveränderungen zeigen. Gehäufte senile Plaques und Alzheimer-Fibrillen finden sich nicht, es sei denn, es handelt sich um eine der nicht seltenen Mischformen von vaskulärer und Alzheimer-Demenz.

Die Ursache ist insofern recht gut geklärt, als (neben dem Alter) wichtige Risikofaktoren für die Entwicklung einer vaskulären Demenz in erster Linie Bluthochdruck, Diabetes mellitus und Rauchen sind.

Außer mit intern-medizinischen Maßnahmen, insbesondere Einstellung von Blutdruck und Blutzuckerspiegel, versucht man, die Gehirnleistung mit Medikamenten aus der großen Gruppe der Nootropika oder Antidementiva zu verbessern, wobei der Erfolg von Acetylcholinesterasehemmern bei vaskulären Demenzen nicht unwahrscheinlich ist; jedoch liegt eine Zulassung hierfür nicht vor, sodass man oft auf die unspezifisch wirkenden Nootropika ausweicht, deren Nutzen eher umstritten ist. Auch NMDA-Antagonisten dürften gewisse Wirksamkeit zeigen, sind aber gleichfalls nicht für vaskuläre Demenz zugelassen und müssten daher off-label verordnet werden.

4.3 Störungen durch psychotrope Substanzen

Akute Intoxikation
Sie kann je nach Art der Substanz und eingenommener Menge ein mehr oder weniger bedrohliches Krankheitsbild darstellen, welches internistische Notfallmaßnahmen erfordert, die zu erörtern hier wenig sinnvoll ist. Erwähnt sei lediglich die Möglichkeit, Symptome der akuten Opioidintoxikaton (etwa der Atemdepression bei Überdosierung) durch intravenöse Gabe des Opiatantagonisten Naloxon aufzuheben.

Entzugssymptomatik
Diese kann ausgesprochen schwer, zuweilen lebensbedrohlich sein, wobei es nicht so sehr der in der Öffentlichkeit teilweise sehr dramatisierte Heroinentzug ist – dieser ist zweifellos unangenehm, aber selten lebensbedrohlich –, sondern es

speziell die Entzüge von Alkohol und Benzodiazepinen sind, welche sorgfältigste Behandlung erfordern. In beiden Fällen kann es durch Wegfall der GABAergen Hemmung sowohl zu epileptischen Anfällen kommen wie zu deliranten Zuständen, die ihrerseits wieder mit schweren Herz-Kreislauf-Reaktionen einhergehen.

Zur Behandlung des Alkoholdelirs und der im Rahmen von Entzug auftretenden epileptischen Anfälle eignet sich v. a. Clomethiazol (Distraneurin®), daneben Benzodiazepine, eventuell zusätzlich Antikonvulsiva. Mit dem Einsatz der nicht selten die Krampfschwelle senkenden (und damit epileptische Anfälle begünstigenden) Neuroleptika ist man eher zurückhaltend, darf zumindest in keinem Fall wahllos zwischen den zahlreichen Substanzen dieser Gruppe auswählen. Die Effektivität dieser mit intern-medizinischen Maßnahmen einhergehenden psychopharmakologischen Behandlung ist unbestritten: Während das unbehandelte Delir in 15–30 % der Fälle tödlich verläuft, liegt die Letalität bei sachgemäßer Therapie etwa bei 1 % (s. dazu Köhler, 2014b, S. 44 und die dort angeführte Literatur).

Der akute Benzodiazepinentzug wird in der Regel mit Benzodiazepinen behandelt, bei deliranten Zuständen eventuell zusätzlich mit dem Neuroleptikum Haloperidol; gegen die vegetativen Symptome kann – wie auch bei schweren Alkoholentzugssyndrom – das Kreislaufmittel Clonidin herangezogen werden (s. Benkert & Hippius, 2013, S. 609). Höchst wünschenswert ist es natürlich, dass es überhaupt nicht zum Benzodiazepin-Entzugssyndrom kommt, weshalb man das Absetzen der Medikamente ausschleichend über mehrere Wochen gestalten sollte.

Abhängigkeitssyndrom

Es ist nicht zuletzt durch das Craving charakterisiert, die unbezwingbare Gier nach der Substanz. Da diese sicher allemal auch eine biologische Komponente hat (Stichwort: Suchtgedächtnis), ist die Unterstützung der Abstinenz durch Medikamente ausgesprochen sinnvoll.

Bei Alkoholabhängigkeit ist zunächst Acamprosat (Campral®) zu nennen, welches nach der Entgiftung (also bei „trockenen Personen") die Rückfallhäufigkeit vermindert – sicher allerdings nicht so wirksam, wie es wünschenswert wäre. Schon länger als Anticraving-Mittel bei Alkoholabhängigkeit wurde im Sinne einer Off-Label-Medikation der Opiatantagonist Naltrexon eingesetzt, welche unter dem Handelsnamen Nemexin® bereits Zulassung bei Opiatabhängigkeit hatte. Mittlerweile ist Naltrexon unter dem Namen Adepend® auch zur Rückfallprophylaxe bei Alkoholismus zugelassen. Zwar sind die Wirkmechanismen der beiden (im Übrigen durchaus kombinierbaren) Anticraving-Mittel unterschiedlich und die anvisierten Zielsymptome etwas anders; insgesamt wird man aber nach den Ergebnissen von Metaanalysen von einer weitgehend vergleichbaren – wie gesagt, wohl nicht allzu großen – Wirksamkeit ausgehen können (Maisel et al., 2013; Jonas et al., 2014).

4.4 Schizophrenie

a) Symptomatik und Verlauf

Die Symptomatik der Schizophrenie ist vielgestaltig, sodass es sinnvoll ist, mehrere Subtypen zu unterscheiden.

Die auffälligsten Symptome sind die „psychotischen", nämlich akustische Halluzinationen (insbesondere Stimmenhören) sowie wahnhaftes Denken und Erleben (typischerweise Verfolgungs- oder Beeinträchtigungswahn, zudem die sogenannten Ichstörungen (Gefühl der Unwirklichkeit der eigenen Person, des „Gemachten", der Eindruck von Gelenktwerden, der Gedankeneingebung und der Gedankenausbreitung).

Charakteristisch sind zudem Störungen des Denkens und der Sprache; speziell ist hier die Zerfahrenheit (Inkohärenz) zu nennen; bei schweren Fällen können die Reden der Erkrankten weitgehend unverständlich wirken. Weiter auffällig sind Neuschöpfungen von Worten (Neologismen) sowie eigenartige Formen von Sprache und Verhalten (Manierismen).

Die soweit geschilderten Symptome lassen sich im Wesentlichen als psychische Neuschöpfungen auffassen und werden häufig als Positivsymptomatik zusammengefasst. Weitere Auffälligkeiten sind eher als Verhaltensdefizite anzusehen und werden deshalb unter Negativ- oder Minussymptomatik subsumiert. Dazu gehört ein schleichend einsetzender sozialer Rückzug, Interesselosigkeit an früher mit Freude durchgeführten Tätigkeiten (Anhedonie), Entschlusslosigkeit (Abulie) und Antriebsverminderung, Reduktion sprachlicher Äußerungen (Alogie), zunehmend verminderte emotionale Beteiligung (Affektverflachung).

Weiter zu nennen sind motorische Auffälligkeiten, etwa Bewegungsstereotypen, oft aber auch extreme Regungslosigkeit für Stunden und Tage, welche die schwere, zuweilen lebensbedrohliche Form des katatonen Stupors annehmen kann.

Unter Vereinfachung ist der Verlauf ungefähr so zu skizzieren: Schizophrenie mit überwiegender Positivsymptomatik beginnt etwa zwischen dem 20. und 30. Lebensjahr; häufig bleibt es bei einer einzigen oder nur wenigen psychotischen Episoden; nicht selten treten Rezidive auf, nach denen typischerweise gewisse Einschränkungen (v. a. im Kontakt- und Leistungsbereich) zurückbleiben; in einem gewissen Prozentsatz kommt es zunehmend zur Entwicklung von Negativsymptomatik und zur Ausbildung ausgeprägter „Residualsymptome" mit Affektverflachung und Antriebslosigkeit; die Betroffenen können nicht mehr einem geregelten Berufsleben nachgehen und sind teilweise auf Heimpflege angewiesen. Generell gilt die Prognose der typischerweise einige Jahre früher einsetzenden und weniger in Schüben verlaufenden Schizophrenie mit ausgeprägter Negativsymptomatik gleich zu Beginn als schlechter; ein Übergang in das geschilderte Residualstadium ist häufiger.

b) Biologische Grundlagen

Nicht unumstritten, aber letztlich im Einklang mit vielen Befunden ist die Annahme, dass es sich bei der Schizophrenie primär um eine Hirnerkrankung handelt. Dabei haben sich offenbar Regionen der Großhirnrinde, speziell der präfrontale Kortex, nie richtig entwickelt, hauptsächlich wohl aus bereits im Erbmaterial lokalisierten Besonderheiten (genetischen Faktoren), zudem zu gewissem Anteil als Folge von Infektionen, welche die Schwangere erlitten hat und die auf das ungeborene Kind wirkten (etwa Grippe, Toxoplasmose, Röteln), weiter durch Probleme beim Geburtsvorgang und schließlich mit großer Wahrscheinlichkeit auch durch Cannabiskonsum in frühen Jahren.

Mit dieser Minderaktivität im präfrontalen Kortex ließen sich vergleichsweise zwanglos die bei schizophrenen Personen schon früh feststellbaren kognitiven Einschränkungen (etwa die gut nachgewiesenen Aufmerksamkeitsstörungen) erklären, möglicherweise auch Aspekte der Minussymptomatik und – auf indirektem Wege – die Positivsymptome. Dies könnte nämlich Folge der Tatsache sein, dass auf physiologische Weise der präfrontale Kortex, eine stammesgeschichtlich erst spät zu Bedeutung gelangte Hirnregion, phylogenetisch ältere „limbische" Strukturen hemmt; bei Unterentwicklung der übergeordneten Hirnteile wäre so eine Überaktivität Letzterer anzunehmen, welche – wie es nicht abwegig ist zu spekulieren – mit psychotischen Reaktionen zusammenhängt.

Insbesondere scheint es in diesen Regionen (etwa dem phylogenetisch sehr alten orbitofrontalen Kortex oder in den Basalganglien) zu einer Überaktivität des dopaminergen Systems zu kommen, entweder in Form vermehrter Transmitterfreisetzung oder (wahrscheinlicher) erhöhter Anzahl oder Überaktivität von Dopaminbindungsstellen, speziell des Typs D_2 (Dopaminhypothese der Schizophrenie; für Belege dieses sehr verkürzt dargestellten Pathogenesemodells s. u. a. Köhler, 2014c, S. 119ff.).

Welche Transmittersysteme wiederum im Rahmen der angenommenen präfrontalen Minderaktivität betroffen sind, ist nur teilweise klar. Sicher ist es nicht eine Dopaminüberaktivität in dieser Region, sondern eher das Gegenteil. Plausibler scheint, dass dort der NMDA-Rezeptor für der Botenstoff Glutamat nicht richtig funktioniert (so genannt, weil er nicht nur durch den Neurotransmitter Glutamat, sondern auch durch N-Methyl-D-Aspartat stimuliert werden kann; sogenannte Glutamathypothese der Schizophrenie). Dies wäre dann eigentlich die primäre Störung; sekundär käme es durch Wegfall der Hemmung zur dopaminergen limbischen Überaktivität.

Diese präfrontale Minderaktivität („Hypofrontalität") lässt sich mittels bildgebender Verfahren während bestimmter Denkaufgaben nachweisen. Beleg für diese Annahmen ist zudem, dass in Tierexperimenten Läsionen des präfrontalen

Kortex zu verstärkter dopaminerger Aktivität und Zunahme von D_2-Rezeptoren in subkortikalen limbischen Strukturen führten (Howes & Kapur, 2009; s. auch Köhler, 2014c, S. 121).

c) Pharmakologische Behandlung

Die Therapie der Schizophrenie – insbesondere der psychotischen Symptomatik – geschieht standardmäßig mit Neuroleptika. Die Elektrokrampfbehandlung hat in Deutschland lediglich gewisse Bedeutung bei der Behandlung der perniziösen Katatonie, selten bei schwerer anderer schizophrener Symptomatik. Weitere Medikamente, etwa Antidepressiva (speziell zur Verbesserung der Minussymptomatik) oder Benzodiazepine, kommen bestenfalls in speziellen Fällen zur Anwendung und dann selten isoliert.

Wie in 3.1 näher ausgeführt, unterscheidet man zwischen klassischen und atypischen Neuroleptika (Antipsychotika der ersten und der zweiten Generation). Welche verordnet werden, hängt sehr von den einzelnen Ärzten bzw. Kliniken ab. Die lange Zeit steigende Tendenz zum bevorzugten Einsatz der Letzteren dürfte angesichts der zunehmend erkannten internistischen Nebenwirkungen mittlerweile schon wieder leicht rückläufig sein – zumal die Hoffnung, dass die Antipsychotika der zweiten Generation auch die Minussymptomatik nennenswert im erwünschten Sinne beeinflussen, bis zu einem gewissen Grad gedämpft wurde.

Für die Verwendung der atypischen Neuroleptika wie beispielsweise Clozapin (z. B. Leponex®), Olanzapin (Zyprexa®), Quetiapin (Scroquel®) oder Risperidon (Risperdal®) spricht, dass die früh auftretenden motorischen Nebenwirkungen wie etwa das Parkinson-Syndrom seltener sind und dass die Medikamente – wohl auch aus diesem Grunde – von den Patienten besser vertragen und akzeptiert werden. Hinzu kommt, dass die gefürchteten Spätdyskinesien nach Behandlung mit atypischen Neuroleptika bisher nur in wenigen Fällen beobachtet wurden – allerdings muss man in Rechnung setzen, dass die Beobachtungszeiträume noch eher kurz sind. Andererseits ist zu bedenken, dass die Behandlung mit atypischen Neuroleptika erheblich teurer kommt.

Neuroleptika werden sowohl bei Positiv- als auch Negativsymptomatik verabreicht, wobei Erstere i. Allg. deutlich besser anspricht, wenigstens auf die klassischen Neuroleptika. Mit Einführung der Neuroleptika zwischen 1950 und 1960 ging die Zahl der wegen akuter psychotischer Symptomatik in psychiatrischen Anstalten untergebrachten Personen deutlich zurück; auch dürften die früher recht häufigen Residualzustände als Endstadium des Krankheitsverlaufs seltener geworden sein. Ein ganz wesentliches Problem ist nach wie vor allerdings, dass viele Patienten die Notwendigkeit einer solchen Therapie nicht einsehen und deshalb die Einnahme der Medikamente oft ablehnen – oder, was noch schlimmer ist, die Medikation eigenhändig abrupt beenden und so die äußerst gefürchteten Absetzpsychosen provozieren.

Auf Negativsymptome wirken Neuroleptika generell schlechter, die atypischen möglicherweise besser als die klassischen. Dass Minussymptome sowie neurokognitive Einschränkungen sich unter Therapie mit atypischen Neuroleptika (Antipsychotika der zweiten Generation) bis zu einem gewissen Grade bessern, ist zwar Ergebnis einiger Studien und Metaanalysen. Allerdings gibt es hierzu durchaus kontroverse Ansichten; auch scheinen die Effekte zumindest nicht allzu groß zu sein und die diesbezügliche Überlegenheit gegenüber älteren Antipsychotika keineswegs gesichert. Generell werden die Vorteile der neueren Medikamente gegenüber den älteren nicht von allen Autoren gesehen (zu Quellenangaben s. Köhler, 2014c, S. 123). Auch die kürzlich publizierte Metaanalyse von Zhang et al. (2013) sieht keinen nennenswerten generellen Unterschied zwischen neueren und älteren Antipsychotika bezüglich Beeinflussung der Negativsymptomatik – danach scheint am ehesten das mit erheblichen metabolischen Nebenwirkungen und Gewichtszunahme behaftete Olanzapin wirksam zu sein. Generell merken die Autoren an, dass die von der Industrie gesponserten Studien häufiger eine Überlegenheit der neueren Medikamente finden als andere (beispielsweise staatlich finanzierte).

Mittlerweile wird versucht, speziell die schizophrene Negativsymptomatik mittels Agonisten am NMDA-Rezeptor zu verbessern (Umbricht et al., 2014; Chue & Lalonde, 2014); ob sich dieser theoretisch gut begründete und vielversprechende Ansatz bewähren wird, lässt sich erst in vielen Jahren sicher beurteilen.

Üblicherweise wird die Medikation mit Neuroleptika, wenn auch oft mit kleineren Dosen, nach Abklingen des akuten Schubs für längere Zeit fortgesetzt, zuweilen über mehrere Jahre. In der Langzeitbehandlung ist der Nutzen der mittlerweile recht zahlreichen Depotpräparate unbestritten, da hier eher – unabhängig von der schwankenden Mitarbeitsbereitschaft der Betroffenen – ein verlässlicher konstanter Plasmaspiegel garantiert werden kann. Generell wird die Empfehlung gegeben, die Dosis möglichst niedrig zu halten und das Auftreten von Nebenwirkungen sehr genau zu beachten.

Ein nicht geringes Problem stellt die Therapie des Residualzustandes dar. Von den Neuroleptika dürften hier die atypischen noch am meisten Erfolg versprechen – wenn auch weniger als über lange Zeit propagiert. Daneben kommen zuweilen antriebssteigernde Mittel zum Einsatz, so bestimmte Antidepressiva.

Die bekanntesten Nebenwirkungen der Neuroleptika sind Störungen der Motorik (Dyskinesien). Sie treten nach klassischen Neuroleptika sehr häufig auf, seltener – aber doch wohl häufiger als lange gedacht – nach den atypischen. Die frühen, meist nach einigen Tagen bis wenigen Monaten nach Behandlungsbeginn einsetzenden extrapyramidal-motorischen Störungen (hyperkinetische Frühdyskinesien, das hypokinetische neuroleptische Parkinson-Syndrom, Akathisie) verschwinden zuweilen spontan oder nach Wechsel auf ein anderes Präparat und lassen sich (mit Ausnahme der Akathisie) in der Regel mit Anticholinergika wie Biperiden (Akineton®) beseitigen. Allerdings wird mittlerweile die These vertreten, dass unter gleichzeitiger Applikation von Neuroleptika und Anticholinergika das Risiko für Spätdyskinesien erhöht ist. Die früher sehr gängige Praxis, Anticholinergika bereits prophylaktisch zu verabreichen, ist inzwischen weitgehend obsolet.

Spätdyskinesien (tardive Dyskinesien) treten erst nach längerer Neuroleptikabehandlung (speziell mit klassischen) auf, vielfach dann, wenn das Medikament abgesetzt wird; solche Absetzdyskinesien verschwinden i. Allg. nach einiger Zeit, während die echten Spätdyskinesien zu einem beträchtlichen Prozentsatz irreversibel sind. Sie sprechen auf Anticholinergika wie Biperiden (Akineton®) nicht an. In einigen Fällen scheinen sich diese Erscheinungen durch das atypische Neuroleptikum Clozapin zu bessern. Zugelassen zur Behandlung von Spätdyskinesien ist auch Tiaprid (Tiapridex®); versuchsweise werden antioxidativ wirksame Substanzen, z. B. Vitamin E, eingesetzt (zur Literatur s. Köhler, 2014c, S. 148).

Weitere Nebenwirkungen wurden in 3.1.2 ausführlicher dargestellt: Müdigkeit, Schwindel, weitere vegetative Symptome, zudem (speziell bei einigen atypischen Neuroleptika) endokrine Störungen (Brustwachstum, Milchfluss, eventuell Libido- und Potenzstörungen), teils erhebliche Gewichtszunahme sowie Störungen im Zucker- und Fettstoffwechsel, zudem das letztlich seltene maligne neuroleptische Syndrom; insbesondere bei Medikation von Clozapin ist auch auf Veränderungen des Blutbildes zu achten.

4.5 Schizoaffektive Störungen

Diese nach ICD-10 unter F2 einzuordnenden Störungen verlaufen in Episoden, wobei innerhalb derselben Krankheitsphase sowohl affektive wie schizophrene Symptome auftreten. Die Episoden heilen in der Regel – allerdings nicht immer – weitgehend folgenlos aus, sodass die bei Schizophrenie nach wie vor häufigen Residualzustände hier selten beobachtet werden. Hinsichtlich Symptomatik stehen die schizoaffektiven Störungen zwischen der Schizophrenie und den affektiven Störungen, bezüglich des Verlaufs näher bei den Letzteren.

Die schizomanische Störung (in ICD-10 als „schizoaffektive Störung, gegenwärtig manisch" bezeichnet) ist charakterisiert durch gehobene, oft auch erregt-aggressive Stimmung sowie Wahnideen (Größen-, Verfolgungswahn). Bei der schizodepressiven Störung (nach ICD-10: „schizoaffektive Störung, gegenwärtig depressiv") finden sich deutliche Symptome von Depression (etwa Verlangsamung, Müdigkeit, Antriebsmangel, Schuldgefühle, Schlafstörungen) zusammen mit schizophrenietypischem Wahn (verfolgt zu werden, beeinflusst zu werden) und Halluzinationen (Stimmenhören).

Die pharmakologische Behandlung orientiert sich an der Grundsymptomatik: In schizomanischen Episoden kommen typischerweise Neuroleptika zum Einsatz (vorzugsweise atypische), eventuell Lithiumsalze oder Kombinationen beider Substanzgruppen; in schizodepressiven Phasen wird häufig eine kombinierte Behandlung mit Neuroleptika und Antidepressiva empfohlen. Die Rezidivprophylaxe wird hauptsächlich mit Lithiumsalzen und Carbamazepin versucht, wobei größere Therapiekontrollstudien weitgehend ausstehen (verkürzt dargestellt nach Benkert & Hippius, 2013, S. 166 und S. 220).

4.6 Affektive Störungen

a) Symptomatik und Verlauf

Unter dem Oberbegriff „affektive Störungen" werden Depression (gedrückte Stimmung) und Manie (gehobene Stimmung) zusammengefasst. Dies ist deshalb gerechtfertigt, weil diese gegensätzlichen Symptome oft bei ein- und derselben Person nacheinander vorkommen können, in einigen Fällen in raschem Wechsel (sogenanntes rapid cycling).

Das depressive Syndrom ist im Wesentlichen gekennzeichnet durch abnorm gedrückte Stimmung, vermindertes Selbstwertgefühl, zunehmenden Interessenverlust, reduzierten Antrieb sowie rasche Ermüdbarkeit bei körperlichen und geistigen Tätigkeiten; oft kommen körperliche Symptome hinzu, z. B. Gewichtsabnahme, Schlafstörungen, Libidoverlust, Kopfschmerzen und Bauchbeschwerden. In schweren Fällen können Wahnsymptome (etwa Verarmungs- oder Versündigungswahn) und Halluzinationen auftreten. Ein depressives Syndrom wird im Rahmen verschiedener Erkrankungen oder Bedingungen beschrieben, so u. a. bei hirnorganischen Krankheiten, als Folge von Medikamenteneinnahme oder bei bestimmten hormonellen Veränderungen (beispielsweise im Rahmen einer Hypothyreose, als Kindbettdepression), welches natürlich vor einer antidepressiven Therapie abgeklärt werden muss.

Das manische Syndrom (die Manie) ist in erster Linie charakterisiert durch eine deutlich gehobene Stimmung (keineswegs immer in Form von Fröhlichkeit, sondern oft eher von Erregung, Gereiztheit oder Aggressivität); der Antrieb ist extrem gesteigert, was sich in vielfältigen (letztlich unproduktiven) Aktivitäten zeigt; die betreffende Person wendet sich schnell immer neuen Interessen zu (Ideenflucht). Ausgesprochen bedenklich ist der Verlust von Hemmungen (etwa auf sexuellem Gebiet); hinzu kommt eine vielfach maßlose Selbstüberschätzung; die unrealistische Einschätzung der eigenen finanziellen Möglichkeiten führt häufig zu ruinösen Unternehmungen und sinnlosen Anschaffungen. Körperlich fühlen sich die Patienten meist ausgesprochen wohl; sie benötigen wenig Schlaf, der Appetit ist nicht selten verringert. Zusätzlich können „psychotische" Symptome wie Wahn und Halluzinationen vorkommen. Auch das manische Syndrom kann organische Ursachen haben, etwa Konsum bestimmter Rauschdrogen (speziell von Amphetaminen oder Kokain), hirnorganische Erkrankungen oder Störungen im Hormonhaushalt, z. B. Hyperthyreose (Überfunktion der Schilddrüse).

Depressive Störungen können mit gewissen Schwankungen in der Intensität über Jahre oder Jahrzehnte anhalten (Dysthymia oder dysthyme Störung). Häufiger sind die episodenhaften Verläufe, wo sich aus Normalbefinden heraus oft vergleichsweise rasch eine depressive Verstimmung entwickelt, welche sich nach einiger Zeit – im Durchschnitt nach etwa sechs Monaten – meist vollständig zurückbildet. Nicht selten treten nach symptomfreien Intervallen weitere depressive Episoden auf; man spricht dann von rezidivierender (unipolarer) depressiver Störung. Bei den bipolaren Störungen sind zwischen depressiven Episoden manische eingestreut.

Länger anhaltende (primäre) manische Symptomatik ist in schwerer Form sehr selten. Die Manie verläuft v. a. in Episoden mit einer durchschnittlichen Dauer von vier Monaten. Fälle mit ausschließlich manischen Episoden stellen eine ausgesprochene Rarität dar; fast immer zeigen sich bipolare Verläufe.

Affektive Störungen mit episodenhaftem Verlauf ziehen sich häufig über mehrere Jahrzehnte hin, wobei die Betroffenen zwischen den Episoden meist wenig auffällig sind und Residualzustände mit bleibenden Persönlichkeitsveränderungen (wie etwa bei der Schizophrenie) selten beobachtet werden. Allerdings haben depressive und bipolare Störungen insofern oft eine schlechte Prognose, als nicht wenige Erkrankte Selbstmord begehen – was übrigens durchaus auch im Rahmen manischer Episoden vorkommen kann.

b) Biologische Grundlagen

Direkte Beziehung zur pharmakologischen Behandlung hat die Monoaminhypothese (im Weiteren dargestellt nach Köhler, 2005, S. 143ff.). Sie ist zwar in der ursprünglichen Form sicher nicht zutreffend, war aber heuristisch allemal fruchtbar und macht viele Pharmakawirkungen gut verständlich.

Aufgrund verschiedener, heute teilweise in ihrer Aussagekraft kritisch betrachteter Untersuchungen kam man zur Auffassung, dass der Depression (zumindest mancher ihrer Unterformen) ein synaptischer Mangel von Noradrenalin und/oder Serotonin zugrunde liegt. Der Überschuss speziell von Noradrenalin wurde mit manischer Symptomatik in Verbindung gebracht.

Als besonders gewichtiges Argumente für die Gültigkeit der Monoaminhypothese wurden die Mechanismen der antidepressiv wirkenden Pharmaka angeführt: Die stimmungsaufhellende Wirkung der MAO-Hemmer beruht auf einer Hemmung des Enzyms Monoaminoxidase (MAO) und damit auf besserer Verfügbarkeit der Monoamine für die synaptische Übertragung. Ein weiteres Wirkprinzip vieler Antidepressiva, etwa der trizyklischen und der SSRI, ist die Erhöhung des Transmitterangebots an den Synapsen durch Erschwerung der präsynaptischen Wiederaufnahme (Reuptake-Hemmung, s. 2.1.2 und 2.2.2).

Mittlerweile sind gegen die Gültigkeit der ohnehin eher verschwommenen Monoamin(mangel)hypothese zahlreiche Einwände formuliert worden. Viele als Beleg angeführte Befunde konnten nicht repliziert werden oder ließen sich auch anders interpretieren.

Insbesondere aber ist die Beweiskraft des scheinbar am eindeutigsten die Hypothese untermauernden Arguments in Zweifel zu ziehen, nämlich der therapeutischen Wirkung von Wiederaufnahme- und MAO-Hemmern: Der depressionslösende Effekt dieser Substanzen setzt typischerweise erst nach Wochen ein, während die durch sie bewirkte Normalisierung des synaptischen Transmittergehalts schon sehr bald eintritt; somit kann der Transmittermangel nicht die eigentliche biologische Grundlage der depressiven Verstimmung darstellen (zu angenommenen Wirkmechanismen der Antidepressiva s. 3.2.2).

Mittlerweile existieren Alternativmodelle, welche zum einen die zur Monoaminhypothese führenden Befunde zur Kenntnis nehmen und zugleich deren Schwächen aufheben. Diese Dysregulationsmodelle berücksichtigen die angenommenen Wirkmechanismen der Antidepressiva (nämlich die Herabregulation der Rezeptorempfindlichkeit) und sehen die biologische Grundlage der Depression eher in einer veränderten Empfindlichkeit v. a. der Noradrenalinrezeptoren (möglicherweise auch der für Serotonin); die nachgewiesenen Abnormalitäten der Transmitterausschüttung (etwa der synaptische Serotoninmangel) wären demnach sekundärer Natur.

Bemerkenswerterweise wurden biologische Modelle der Manie und bipolarer Störungen kaum explizit formuliert: Bei der Manie wird v. a. Überaktivität des noradrenergen Systems vermutet; die Ähnlichkeit des klinischen Bildes mit den Wirkungen der Noradrenalinagonisten Kokain und Amphetaminen verleiht dieser Annahme Plausibilität; direkte Belege sind eher spärlich.

Was die Ätiologie der nicht organisch bedingten depressiven Störungen angeht, so existiert eine deutliche genetische Komponente, speziell bei den bipolaren Formen (s. beispielsweise Schulte-Körne & Allgaier, 2008).

4.6 Affektive Störungen

c) Pharmakologische Behandlung
Vorbemerkungen; Überblick
Bei der Pharmakotherapie affektiver Störungen muss man zwischen der Behandlung depressiver Episoden, der Therapie während manischer Phasen und – im Falle wiederholter Episoden – der Rückfallprophylaxe unterscheiden. Letztere ist bei rezidivierenden depressiven Störungen, also unipolaren Verläufen, häufig anders als bei bipolaren Störungen.

Bei der Behandlung depressiver Episoden kommen Medikamente aus den diversen Gruppen von Antidepressiva zum Einsatz; ihre Wirkung kann u. a. durch Lithium, Schilddrüsenhormone sowie atypische Neuroleptika oft verstärkt werden (Augmentationsstrategien). Zuweilen ist es, speziell bei agitiert Depressiven, erforderlich, zusätzlich zunächst eine Sedierung mit Benzodiazepinen zu versuchen; unter Umständen kommen auch Neuroleptika zum Einsatz (bevorzugt atypische), nicht zuletzt dann, wenn psychotische Begleitsymptomatik vorliegt.

Manische Episoden werden häufig mit Lithiumsalzen behandelt (die zwar keine ausgeprägt antidepressive, aber deutliche antimanische Wirksamkeit zeigen). In vielen Fällen ist es nötig, zusätzlich Benzodiazepine oder insbesondere Neuroleptika zu verabreichen, wobei man mittlerweile zunehmend denen der zweiten Generation den Vorzug gibt. Auch mit Neuroleptika allein werden manche Fälle von Manien behandelt. Antimanisch wirksam sind zudem die Antikonvulsiva (Antiepileptika) Carbamazepin und Valproinsäure.

Bei der Behandlung der chronischen Form der Depression (Dysthymie oder Dysthymia) sind, im Gegensatz zu früher häufig vertretenen Auffassungen, Antidepressiva durchaus wirksam – wobei hier die Kombination mit psychotherapeutischen Maßnahmen besonders sinnvoll ist.

Zur Rückfallprophylaxe rezidivierender depressiver Störungen ist die Gabe von Antidepressiva zwischen den Episoden möglich und wirksam; dringend abgeraten wird i. Allg. davon, falls eine bipolare Störung vorliegt. Hier sind Lithiumsalze zunächst Mittel der Wahl; sie sind auch bei der Rückfallprophylaxe rein depressiver rezidivierender Störungen wirksam, werden bei dieser Indikation aber eher selten eingesetzt, u. a. deshalb, weil die Lithiummedikation nicht einfach zu handhaben ist und die Medikamente von vielen Patienten schlecht vertragen werden. Eine Alternative zu Lithiumsalzen stellen die Antikonvulsiva dar, insbesondere Carbamazepin und die in Deutschland erst seit wenigen Jahren für diese Indikation zugelassene Valproinsäure (Valproat).

Behandlung depressiver Episoden
Sie geschieht in der Regel pharmakologisch, was gleichzeitige Psychotherapie natürlich nicht ausschließt. Sehr fraglich ist allerdings, ob Letztere bei mittel-

schweren oder gar schweren depressiven Zuständen allein zum Ziel führt. Anders als in den USA und auch einigen europäischen Ländern hat in Deutschland die Elektrokrampftherapie bei Depressionen nach wie vor geringe Bedeutung, kommt aber zumindest bei therapieresistenten Fällen mittlerweile häufiger zur Anwendung. Weitere Möglichkeiten der biologischen Behandlung, die, neben der Psychopharmakotherapie, eine gewisse Rolle spielen können, sind der therapeutische Schlafentzug und die Lichttherapie.

Zur Verfügung stehen Medikamente aus der Gruppe der trizyklischen Antidepressiva (TZA), einige Weiterentwicklungen (etwa tetrazyklische Antidepressiva oder andere schwer klassifizierbare andere Substanzen), selektive Serotonin-Wiederaufnahmehemmer und MAO-Hemmer, mittlerweile bevorzugt jene, welche selektiv und reversibel sind (s. dazu 3.2). Sie alle erhöhen kurzfristig die Konzentration von Monoaminen im synaptischen Spalt, manche eher die von Noradrenalin, andere mehr die von Serotonin, die SSRI sogar ausschließlich die des letztgenannten Transmitters; der langfristige, therapeutisch entscheidende Effekt besteht nach gegenwärtiger Auffassung jedoch in einer Verminderung der Zahl oder Empfindlichkeit postsynaptischer Rezeptoren als Reaktion auf das erhöhte Transmitterangebot (sogenannte down-regulation).

Die trizyklischen Antidepressiva, etwa Amitriptylin (z. B. Saroten®), Imipramin (z. B. Tofranil®), oder Clomipramin (z. B. Anafranil®), sind im Prinzip gut bewährt, haben allerdings mitunter starke anticholinerge Nebenwirkungen, sodass sie u. a. bei Pylorusstenose (Verengung des Magenausgangs), Engwinkelglaukom und Prostatahypertrophie mit der Gefahr von Harnverhaltung nicht gegeben werden dürfen (zu Nebenwirkungen, beispielsweise Obstipation bis hin zum paralytischen Ileus, Gewichtszunahme oder Erhöhung der Krampfbereitschaft, s. 3.2.2); auch bestimmte Herzerkrankungen, speziell Störungen der Überleitung, stellen eine Kontraindikation dar. Neuere Entwicklungen, beispielsweise Maprotilin (z. B. Ludiomil®), Mianserin, Trazodon, Venlafaxin (z. B. Trevilor retard®) oder Mirtazepin (z. B. Remergil®), gelten i. Allg. als diesbezüglich weniger nebenwirkungsreich. SSRI, etwa Fluoxetin, Fluvoxamin (z. B. Fevarin®), Paroxetin (z. B. Seroxat®), Sertralin (z. B. Zoloft®), Citalopram (z. B. Cipramil®) oder Escitalopram (z. B. Cipralex®), haben keine wesentlichen anticholinergen Effekte, sodass viele Kontraindikationen der TZA wegfallen und die Medikamente insbesondere auch von älteren Personen oft gut vertragen werden. Ähnliches gilt für die Neuentwicklungen der MAO-Hemmer, wie Moclobemid (z. B. Aurorix®), die selektiv die Subform MAO-A hemmen und zudem reversibel sind (zu anderen Antidepressiva, etwa Johanniskraut, s. 3.2). Welche der genannten Medikamente eingesetzt werden, hängt nicht zuletzt von der diesbezüglichen Einstellung des behandelnden Arztes ab; neben den genannten Eigenschaften haben SSRI auch den Vorteil, im Falle bipolarer Depressionen (also Depressionen im Rahmen bipolarer Verläufe) weniger leicht eine manische Phase zu provozieren. Andererseits gibt es bei SSRI durchaus Nebenwirkungen (beispielsweise sexuelle Funktionsstörungen, Entwicklung des gefürchteten zentralen Serotoninsyndroms). Hinzu kommt, dass die Therapie mit TZA erheblich billiger ist – auch wenn mittlerweile einige SSRI in Form der preisgünstigeren Generika vorliegen.

Bei der Auswahl der Medikamente ist zu berücksichtigen, dass einige, nämlich jene mit starkem antihistaminergen Effekt, eher sedieren, beispielsweise Amitriptylin; andere sind antriebsneutral oder gar antriebssteigernd (etwa der MAO-Hemmer Moclobemid, in mehr oder weniger ausgeprägtem Maße alle SSRI). Speziell im Falle agitierter Depressionen – aber auch bei anderen Formen – ist Antriebssteigerung unerwünscht, sodass zuweilen entweder ein sedierendes Antidepressivum eingesetzt wird oder initial zusätzlich Medikamente aus der Gruppe der Benzodiazepine verordnet werden.

Beachtet werden muss, dass die Wirkung der Antidepressiva nicht sofort einsetzt – eine mittlerweile allerdings eher kontrovers diskutierte Feststellung (s. dazu Benkert & Hippius, 2013, S. 68f.); wie ausgeführt, beruht der antidepressive Effekt sehr wahrscheinlich nämlich nicht direkt auf der Erhöhung der synaptischen Monoaminkonzentration, sondern auf der durch sie induzierten längerfristigen Herabregulation der Zahl oder Empfindlichkeit postsynaptischer Rezeptoren (down-regulation). Deswegen wird in der Regel erst nach einigen Wochen fehlender Besserung die Medikation verändert. Von besonderer klinischer Relevanz ist, dass die antriebssteigernde Wirkung häufig vor der stimmungsaufhellenden einsetzt, sodass in diesem Stadium die Suizidgefahr als besonders groß gilt. Auch aus diesem Grunde kann Beigabe sedierender Medikamente (etwa von Benzodiazepinen) sinnvoll sein – zusätzlich zur intensiven, engmaschigen Betreuung der Patienten gegebenenfalls im Rahmen eines Klinikaufenthalts.

Bei Nichtansprechen kann das Präparat gewechselt werden, unter Vorsichtsmaßnahmen ist auch eine Kombination gewisser Medikamente möglich (u. a. wegen der Gefahr des zentralen Serotonin-Syndroms aber keineswegs von allen). Mit zusätzlicher Gabe von Lithium lässt sich oft die Wirksamkeit der antidepressiven Medikation erhöhen (Lithiumaugmentation); wie erwähnt, kann auch eine ergänzende Behandlung mit dem Schilddrüsenhormon T_3 hilfreich sein; zudem steht der Nutzen einer Augmentationstherapie mit atypischen Neuroleptika zur Diskussion, insofern natürlich genau abzuwägen, als die beträchtlichen Nebenwirkungen dieser Substanzen immer klarer zu Tage treten. Vielfach versucht man zudem, durch Schlafentzug weitere antidepressive Wirkung zu erzielen.

Üblicherweise wird nach Besserung der akuten Symptomatik zur Verhinderung eines baldigen Rezidivs die antidepressive Medikation noch für gewisse Zeit beibehalten (Erhaltungstherapie). Im Falle rezidivierender depressiver Störungen (also rein unipolarer Verläufe) wird von vielen Autoren die Gabe von Antidepressiva auch zwischen den Phasen empfohlen (alternativ zu Lithium).

Ein nicht geringes Problem stellt die pharmakologische Behandlung der nicht ganz seltenen Depressionen im Kindes- und Jugendalter dar, nachdem den wirksamen SSRI gleichzeitig nachgesagt wird, dass sie (möglicherweise speziell in dieser Klientel) das Suizidrisiko erhöhen bzw. Selbstmordgedanken fördern – eine Diskussion, die nach wie vor nicht endgültig abgeschlossen ist. In einer gründlichen Metaanalyse (Ma, Zhang, Zhang & Li, 2014) wurde kürzlich gezeigt, dass zwar das SSRI Fluoxetin (speziell in Verbindung mit kognitiver Verhaltenstherapie) am wirksamsten ist, aber eher wenig sicher ist – auch in Hinblick auf die genannten Nebenwirkungen. Die Autoren kommen zu dem Schluss, dass unter den Aspekten der Wirksamkeit, der Zuverlässigkeit der Einnahme und der Sicherheit bei Kindern und Jugendlichen Sertralin und Mirtazepin das günstigste Profil aufweisen; hierzu wird man aber vor einer endgültigen Beurteilung weitere Studien abwarten müssen.

Über die Wirksamkeit der medikamentösen Therapie mit Antidepressiva ist in den letzten Jahren eine grundlegende Diskussion entstanden, da sie sich in einigen Studien einer Placebobehandlung nicht überlegen erwies. Allerdings wurden diese Arbeiten in der populärwissenschaftlichen Literatur teilweise inkorrekt wiedergegeben, sodass der Eindruck entstehen konnte, Antidepressiva seien generell weitgehend wirkungslos. In der Tat ist es so, dass die erheblichen Unterschiede zwischen Placebo- und Medikamentengabe, wie sie in älteren Studien gefunden wurden, sich in den letzten Jahren weniger deutlich zeigten (Khin et al., 2011). Dies könnte zum einen daran liegen, dass die neueren Antidepressiva zwar nebenwirkungsärmer sind, andererseits aber auch nicht so wirkungsvoll; eine andere Erklärung wäre, dass man die Medikamente früher lediglich zur Behandlung schwerer Depressionen einsetzte, aber dann zunehmend begann, sie auch bei leichteren depressiven Störungen zu verordnen. Dafür spricht, dass eine im renommierten *Journal of the American Medical Association* publizierte Metaanalyse zeigt, dass der Wirksamkeitsunterschied zwischen Placebogabe und antidepressiver Medikation bei Patienten mit leicht depressiver Symptomatik vernachlässigbar ist, aber deutlich zu Tage tritt, wenn es sich um schwere Depressionen handelt (Fournier et al., 2010). Andererseits finden sich in der Zusammenstellung von Stewart et al. (2012) durchaus Effekte antidepressiver Medikation auch bei leichten Formen von Depression, und diese sind keineswegs gering. Gleichwohl bleibt fraglich, ob es – nicht zuletzt angesichts der zuweilen nicht unerheblichen Nebenwirkungen – sinnvoll ist, jegliche depressive Verstimmung sofort psychopharmakologisch anzugehen. Im Falle schwerer Depressionen ist dies jedoch als obligatorisch anzusehen.

4.6 Affektive Störungen

Behandlung manischer Episoden
Eine antimanische Wirkung haben u. a. Lithiumsalze; einige Antikonvulsiva, deren diesbezügliche Wirkung eher noch besser belegt ist und die i. Allg. leichter zu handhaben sind (Fritze, 2001), waren in Deutschland lange für diese Indikation nicht zugelassen (mittlerweile ist dies wenigstens für Valproinsäure erfolgt, nicht aber für Carbamazepin); Lithium wird allein schon deshalb häufig in manischen Episoden verordnet, weil es meist notwendig ist, für längere Zeit Rückfallprophylaxe zu betreiben. Seine antimanische Wirkung ist aber vielfach nicht ausreichend, sodass häufig eine Kombination mit Benzodiazepinen oder Neuroleptika erfolgt. Benzodiazepine allein dürften zur wirksamen Behandlung der Manie so gut wie nie genügen, während Neuroleptika (vorzugsweise atypische) durchaus zur Monotherapie empfohlen werden; wirksamer scheinen sie aber in Kombination mit Lithium zu sein. In diesem Zusammenhang ist erneut auf die unmittelbaren extrapyramidal-motorischen Nebenwirkungen sowie auf die Gefahr von Spätdyskinesien bei klassischen Neuroleptika hinzuweisen – diese erhöht sich möglicherweise bei kombinierter Therapie mit Lithiumsalzen.

Prophylaxe depressiver Episoden im Rahmen unipolarer Verläufe (rezidivierender depressiver Störungen)
Prinzipiell ist hier die Gabe von Antidepressiva auch zwischen den Episoden möglich und wird vielfach durchgeführt, u. a. sicher, um gewisse mit der Lithiumtherapie verbundene Schwierigkeiten zu umgehen.
    Die andere Möglichkeit der Rückfallverhütung ist die Gabe von Phasenprophylaktika (Stimmungsstabilisierern), wobei sich vom klinischen Effekt her zunächst Lithiumsalze anbieten, wegen ihrer nachgewiesenen suizidpräventiven Wirkung speziell dann, wenn erhöhtes Selbstmordrisiko vorliegt. Eine Alternative wäre der Einsatz von Carbamazepin (z. B. Tegretal®, Timonil®) oder von Valproinsäure (z. B. Ergenyl chrono®, Ergenyl chronosphere®, Orfiril long®); beide Substanzen besitzen allem Anschein nach nicht die suizidpräventive Wirkung der Lithiumsalze, werden aber häufig besser vertragen. Zur Prophylaxe depressiver Phasen steht mit dem Antikonvulsivum Lamotrigin (Lamictal®) mittlerweile ein weiteres Medikament zur Verfügung.

Rezidivprophylaxe bipolarer Störungen
Dafür sind Antidepressiva in der Regel ungeeignet, weil durch sie manische Phasen provoziert werden können. Hier sind Lithiumsalze i. Allg. die erste Wahl, nicht zuletzt weil dadurch – wie schon betont – die Suizidgefahr verringert wird. Es gibt jedoch zahlreiche (absolute und relative) Kontraindikationen wie beispielsweise Herzkrankheiten, Nierenerkrankungen und Anfallsleiden zu beachten; zudem sind unangenehme Nebenwirkungen (etwa Übelkeit, Tremor, unerwünschte Gewichts-

zunahme, Einschränkungen der Nierenfunktion, EKG-Veränderungen) nicht selten. Wenig wirksam erweisen sich die Substanzen zudem bei raschem Wechsel der Phasen (rapid cycling).

Ebenfalls zur Rezidivprophylaxe bipolarer Störungen geeignet und dafür auch zugelassen sind Carbamazepin und Valproinsäure, bleiben aber (außer bei speziellen Verläufen) Lithiumsalzen diesbezüglich nach Ansicht vieler Autoren unterlegen und dürften zudem nicht die suizidpräventive Wirkung der Letzteren besitzen. Zunehmend diskutiert wird auch eine phasenprophylaktische Wirksamkeit bestimmter atypischer Antipsychotika; augenblicklich sind allerdings die Zulassungsrichtlinien vergleichsweise kompliziert (s. Benkert & Hippius, 2013, S. 146).

Pharmakotherapie der Dysthymia
Diese chronische Form der Depression wird zunehmend auch mit Antidepressiva behandelt, oft mit ähnlichen Dosen wie die episodenhaften Verläufe; die Wirksamkeit ist gut belegt. Zumindest hinsichtlich ihrer Verträglichkeit sind hier SSRI und MAO-Hemmer den trizyklischen Antidepressiva vorzuziehen.

4.7 Angststörungen

4.7.1 Überblick über die pharmakologische Behandlung

Obwohl diese Störungen in der Regel psychotherapeutisch angegangen werden (oder zumindest werden sollten), stehen doch zusätzlich wirksame Pharmaka für ihre Behandlung zur Verfügung. Diese gehören zu diversen, vom Wirkmechanismus unterschiedlichen Substanzgruppen; hier sind zunächst die Benzodiazepine zu nennen, etwa Diazepam (z. B. Valium®), welche agonistisch am $GABA_A$-Rezeptorkomplex wirken und neben der Anxiolyse, wenigstens initial, eine (meist unerwünschte) sedierende Wirkung haben (s. dazu genauer 3.4.2). Ebenfalls anxiolytisch, aber nicht sedierend wirkt das an einem der Serotoninrezeptoren angreifende Buspiron (Busp®, Anxut®). In noch nicht klar verstandener Weise GABAagonistisch wirkt Pregabalin (Lyrica®), welches nicht selten stark sedierend ist.

Weiter werden zunehmend mit Erfolg Antidepressiva eingesetzt, von denen einige explizit für spezielle Angststörungen Zulassung besitzen.

Anxiolytisch wirken zudem Betablocker, die nicht selten beispielsweise von Schauspielern oder Musikern vor Auftritten eingenommen werden; sie sind letztlich wenig sedierend, zumindest deutlich weniger als die Benzodiazepine.

4.7.2 Phobien

a) Symptomatik

Die situationsgebundenen Ängste werden i. Allg. in drei große Gruppen eingeteilt: Agoraphobie, soziale Phobien und spezifische (isolierte) Phobien. Die Agoraphobie ist charakterisiert durch die Angst, die eigene schützende Wohnung zu verlassen und sich auf Plätze, in Menschenmengen und in Geschäfte zu begeben, oder auch die, allein – etwa in Zügen – zu reisen; den auslösenden Situationen ist eine mangelnde Rückzugsmöglichkeit gemeinsam. In der gefürchteten Situation kann auch ein Panikanfall auftreten (Agoraphobie mit Panikattacke nach ICD-10). Soziale Phobien konzentrieren sich „um die Furcht vor prüfender Betrachtung durch andere Menschen in verhältnismäßig kleinen Gruppen (nicht dagegen in Menschenmengen)" (nach ICD-10, S. 168ff.); als Folge dessen werden soziale Situationen gemieden. Spezifische (isolierte) Phobien beziehen sich auf sehr eng definierte Situationen wie etwa Höhen, Donner, Dunkelheit, Zahnarztbesuch oder Nähe von Tieren. Oft leiden Personen gleichzeitig an mehreren der genannten phobischen Störungen; nicht nur bei Agoraphobien, sondern auch bei sozialen Phobien können Panikattacken zusätzlich zu beobachten sein (dargestellt im Wesentlichen nach ICD-10, S. 168ff., sowie Köhler, 2012).

b) Biologische Erklärungsansätze

Außer allgemeiner psychophysiologischer Übererregbarkeit konnten bisher kaum nennenswerte biologische Besonderheiten nachgewiesen werden. Pharmakologische Provokationstests deuten auf Überaktivität im noradrenergen System hin; hingegen soll bei sozialen Phobien eine Dopaminminderaktivität vorliegen (zu Belegen für diese vergleichsweise vagen Befunde s. Köhler, 2005, S. 170ff.).

c) Pharmakologische Behandlung

Wegen ihres Suchtpotentials werden Benzodiazepine eher selten eingesetzt; oft versucht man mit Betablockern, die noradrenerge Überaktivität zu dämpfen. Bei sozialer Phobie gelten MAO-Hemmer als wirksam; Moclobemid (z. B. Aurorix®) ist explizit für diese Indikation zugelassen. Auch SSRI wurden mit Erfolg eingesetzt.

4.7.3 Panikstörung

a) Symptomatik

Bei der Panikstörung finden sich gehäuft Panikattacken in nicht bekannten und nicht vorhersagbaren Situationen, in denen keine objektive Gefahr besteht. Typischerweise beginnt der Angstanfall plötzlich mit „Herzklopfen, Brustschmerz, Erstickungsgefühlen, Schwindel und Entfremdungsgefühlen (Depersonalisation oder Derealisation)"; meist stellt sich die Furcht ein zu sterben, die Kontrolle zu verlieren, auch die, wahnsinnig zu werden. Im Anschluss an eine erste Panikattacke entwickelt sich die Angst, weitere zu erleiden (verkürzt dargestellt nach ICD-10, S. 174f.).

b) Biologische Grundlagen
Als einigermaßen gesichert gilt, dass während der Attacke eine noradrenerge Überaktivität besteht, wobei eine spontane Aktivität des Locus caeruleus im Hirnstamm, des Ausgangspunkts zahlreicher Neurone ins limbische System, hier eine wichtige Rolle spielt. Die diesbezügliche Bedeutung des serotonergen Systems ist noch unklar.

c) Pharmakologische Therapie
Benzodiazepine zeigen zwar durchaus Wirkung, werden aber eher selten eingesetzt. Nicht zuletzt wegen des wesentlich geringeren Abhängigkeitspotenzials bevorzugt man meist Antidepressiva, wobei der Wirkmechanismus nur unzureichend verstanden ist; möglicherweise beruhen die Effekte auf langfristiger Stabilisierung des noradrenergen und des serotonergen Systems. Insbesondere selektive Serotonin-Wiederaufnahmehemmer haben sich hier als wirksam erwiesen; Citalopram, Escitalopram und Paroxetin sind für diese Indikation zugelassen, ebenso Venlafaxin – während keine explizite diesbezügliche Zulassung für die trizyklischen Antidepressiva (Ausnahme: Clomipramin) und einige Neuentwicklungen besteht. Der therapeutische Effekt des partiell serotoninagonistischen Buspirons wird kontrovers diskutiert.

4.7.4 Generalisierte Angststörung

a) Symptomatik
Die Störung ist charakterisiert durch eine nicht an Objekte gebundene, unbestimmte Angst; die Beschwerden gleichen denen einer Panikattacke (Nervosität, Benommenheit, Schwindelgefühle, Herzklopfen), sind aber i. Allg. weniger intensiv und halten länger an; weiter berichten die Betroffenen über zahlreiche unspezifische Sorgen und Vorahnungen.

b) Biologische Grundlagen
Es gibt Hinweise, dass das hemmende GABAerge System weniger aktiv ist, vielleicht durch Mangel oder geringere Empfindlichkeit der GABA- oder Benzodiazepinre-

zeptoren. Diskutiert wird auch eine (mutmaßlich sehr komplizierte) Dysregulation im serotonergen System (zu Belegen s. Köhler, 2005, S. 178f.).

c) Pharmakologische Behandlung

Die am $GABA_A$-Rezeptor agonistischen Benzodiazepine sind hier i. Allg. wirksam, werden aber angesichts der langen Beschwerdedauer und des hohen Abhängigkeitspotenzials der Substanzen meist nur zurückhaltend eingesetzt; diskutiert wird auch die Wirksamkeit des nach gegenwärtigen Kenntnisstand weniger leicht zur Abhängigkeit führenden GABA-Agonisten Pregabalin (Lyrica®). Zudem lässt sich mit Buspiron (Anxut®, Busp®), das selektiv auf bestimmte Serotoninrezeptoren wirkt, oft deutliche Besserung der Symptomatik nachweisen. Allerdings setzt die Wirkung von Buspiron, im Gegensatz zu der von Benzodiazepinen, sehr verzögert ein.

Trizyklische Antidepressiva zeigen offenbar ebenfalls Wirksamkeit; für diese Indikation liegt jedoch keine Zulassung vor. Letztere existiert hingegen für Escitalopram und Paroxetin (aus der Gruppe der SSRI), ebenso für das Antidepressivum Venlafaxin.

4.7.5 Posttraumatische Belastungsstörung

a) Symptomatik

In ICD-10 (S. 183f.) ist die posttraumatische Belastungsstörung definiert als verzögerte Reaktion auf eine belastende Situation, z. B. eine Naturkatastrophe oder Krieg. Gekennzeichnet ist sie zum einen durch wiederholtes „Erleben des Traumas in sich aufdrängenden Erinnerungen (Nachhallerinnerungen, flashbacks)" – auch in Form von Träumen –, zum anderen durch ein Gefühl von „Betäubtsein und emotionaler Stumpfheit" sowie einer Gleichgültigkeit gegenüber anderen Menschen und Dingen. Typischerweise sind die Betroffenen vegetativ übererregt, übertrieben wachsam (hypervigilant) und neigen zu Angst und Depression; komplizierend hinzutreten können Drogeneinnahme und Alkoholabusus; zuweilen werden chronische Verläufe mit Übergang in eine Persönlichkeitsstörung beobachtet.

b) Biologische Grundlagen

Vergleichsweise gut nachgewiesen sind eine generelle physiologische Überreaktivität der Betroffenen (z. B. verstärkte Schreckreaktionen) sowie erhöhte noradrenerge Aktivierung. Ein interessanter, aber noch zu replizierender Befund ist der einer erhöhten Schmerzempfindlichkeit (Folge einer eventuellen Minderaktivität des endogenen Opioidsystems); bei Beschäftigung mit dem Trauma oder bei anderen psychischen Belastungen soll sich die Schmerzschwelle aber anheben (stressinduzierte Analgesie). Diskutiert wird auch ein Defizit im GABAergen System (Vaiva et al., 2006).

c) Pharmakologische Therapie
Hier werden oft trizyklische Antidepressiva eingesetzt, die nachweislich auf die physiologische Übererregbarkeit sowie auf die quälenden Erinnerungen und Albträume wirken; auf den Rückzug von Aktivitäten haben sie hingegen wenig Einfluss. Ungeklärt ist ihr Wirkmechanismus; durch die Noradrenalin-Reuptake-Hemmung wäre zunächst eine Steigerung der psychophysiologischen Überreaktivität zu erwarten (langfristig hingegen möglicherweise eine Stabilisierung des noradrenergen Systems). Mittlerweile konnte auch die Wirksamkeit von SSRI nachgewiesen werden (für Belege s. Köhler, 2005, S. 190).

Eingesetzt wurden auch Betablocker sowie das die noradrenerge Aktivität v. a. im Locus caeruleus dämpfende Clonidin. Hingegen ist man – wie bei Angststörungen allgemein – auf Grund der hier besonders großen Gefahr einer Abhängigkeitsentwicklung mit dem Einsatz von Benzodiazepinen sehr zurückhaltend.

4.8 Zwangsstörung

a) Symptomatik und Verlauf
Bei der Zwangsstörung werden die zwei großen Symptomtypen Zwangsgedanken und Zwangshandlungen unterschieden. Zwangsgedanken sind „Ideen, Vorstellungen und Impulse, die den Patienten immer wieder stereotyp beschäftigen". Fast immer sind sie quälend, und die betroffene Person versucht wenigstens anfangs, Widerstand zu leisten, dies allerdings stets erfolglos. Zwangshandlungen oder Zwangsrituale sind „ständig wiederholte Stereotypien", die weder als „angenehm empfunden werden" noch dazu dienen, „an sich nützliche Aufgaben zu erfüllen". Die Patienten erleben sie oft als Vorbeugung gegen sehr unwahrscheinliche, schädigende Ereignisse; auch hier wird anfangs noch (erfolglos) Widerstand zu leisten versucht. Hingewiesen wird auf die häufige Vergesellschaftung von Zwangssymptomen mit Depression (verkürzt nach ICD-10, S. 177ff.).

Schon zuvor haben i. Allg. deutlich zwanghafte Züge bestanden; bis es, wenn überhaupt, zur Therapie kommt, vergeht gewöhnlich ein Jahrzehnt; der Verlauf ist dann chronisch.

b) Biologische Grundlagen

Hierzu ließen sich mehrere interessante Erkenntnisse beibringen. So gibt es gute Hinweise auf eine Dysregulation im serotonergen System bei Zwangspatienten (Serotoninhypothese der Zwangsstörungen); dies ist nicht zuletzt daran zu sehen, dass von den trizyklischen Antidepressiva allein Clomipramin, welches ausschließlich die Serotonin-Wiederaufnahme hemmt, Wirkung zeigt, zudem SSRI bei Zwangsstörungen wirksam sind; weiter sprechen Provokationsmethoden für Überempfindlichkeit einiger – jedoch nicht aller – Typen von Serotoninbindungsstellen; andere dürften umgekehrt besonders unempfindlich sein (s. dazu genauer Köhler, 2005, S. 180ff. und die dort angeführten Literaturhinweise).

Ein zweites, die Serotoninhypothese ergänzendes – jedoch nach wie vor eher spekulatives – pathogenetisches Modell geht von Überaktivität in einem neuroanatomischen Funktionskreis aus, welcher neben Orbitofrontalregion und Gyrus cinguli den Nucleus caudatus umfasst (Basalganglienhypothese der Zwangsstörungen). Hinweise dafür wurden darin gesehen, dass in Folge von Erkrankung der Basalganglien (etwa infektiöser Natur) sich nicht selten Zwangssymptome entwickeln. Weiter ließ sich mittels bildgebender Verfahren eine gewisse Überaktivierung im genannten Funktionskreis zeigen (für eine kritische Sichtung der Belege s. Köhler, 2005, S. 181ff.); auch die Tatsache, dass (als „ultima ratio") psychochirurgische Durchtrennung von Bahnen des erwähnten neuroanatomischen Funktionskreises, etwa der Faserverbindungen des Caudatums (subkaudale Traktotomie), schwere Zwangssymptomatik oft erheblich lindern kann, wird in diesem Sinne interpretiert.

c) Pharmakologische Behandlung

Sie geschah über lange Zeit mit dem mehr oder weniger ausschließlich die Serotonin-Wiederaufnahme hemmenden trizyklischen Antidepressivum Clomipramin (z. B. Anafranil®), dessen Effektivität im Vergleich zu Placebo und anderen, weniger spezifisch auf das serotonerge System wirkenden trizyklischen Antidepressiva (etwa Desipramin, Imipramin und Amitriptylin) gut gesichert ist – und mit großer Sicherheit nicht allein auf einer Besserung der häufigen depressiven Begleitsymptomatik beruht.

Mittlerweile werden zur Behandlung auch selektive Serotonin-Wiederaufnahmehemmer eingesetzt, so Fluoxetin, Fluvoxamin (Fevarin®), Escitalopram (z. B. Cipralex®), Paroxetin (z. B. Seroxat®) oder Sertralin (z. B. Zoloft®), welche dafür auch explizit zugelassen sind. Die Zeit bis zum Wirkungseintritt bei Clomipramin und SSRI kann bis zu 10 Wochen betragen und ist damit deutlich länger als bei der Therapie depressiver Zustände; zudem sind höhere Dosen als zur Depressionsbehandlung erforderlich (Benkert & Lenzen-Schulte, 2004, S. 101). Weitgehende

Übereinstimmung herrscht darüber, dass der Effekt auf Anpassungsmechanismen postsynaptischer Rezeptoren an das vermehrte Transmitterangebot zurückzuführen ist (down-regulation). Initial soll die Gabe von Clomipramin sogar die Symptomatik verschlechtern, was die oben dargestellte These einer erhöhten Ansprechbarkeit von Serotoninrezeptoren stützt (s. Köhler, 2005, S. 186 und die dort zitierte Literatur).

Durch Kombination mit anderen Psychopharmaka, so mit dem partiellen Serotoninagonisten Buspiron, mit Neuroleptika, Lithiumsalzen und Antikonvulsiva, wird versucht, die therapeutische Effizienz zu steigern; die durchaus positiven Ergebnisse bleiben allerdings noch besser abzusichern.

4.9 Anorexia nervosa und Bulimia nervosa

Vorbemerkungen
An der Regulation des Essverhaltens sind v. a. Kerngebiete im Hypothalamus beteiligt, die insbesondere aus dem Magen-Darm-Trakt Informationen erhalten (s. dazu ausführlicher Köhler, 2010b, S. 207ff.). Viele Hypothalamusregionen besitzen eine hohe Dichte von Serotoninrezeptoren; diesem Transmittersystem wird – in nach wie vor recht vager Weise – ein hemmender Effekt auf das Essverhalten zugeschrieben. So wirken Serotoninagonisten typischerweise appetitzügelnd, während Serotoninantagonisten als Nebenwirkung nicht selten zu Gewichtszunahme führen.

a) Symptomatik und Verlauf
Nach ICD-10 (S. 215f.) ist die (fast ausschließlich Frauen betreffende) Anorexia nervosa (nervöse Magersucht) gekennzeichnet durch einen „absichtlich selbst herbeigeführten oder aufrechterhaltenen Gewichtsverlust"; zu diesem Zweck werden nicht nur hochkalorische Speisen vermieden, sondern auch Erbrechen induziert, Appetitzügler, Abführmittel und Diuretika eingesetzt sowie übertriebene körperliche Aktivität an den Tag gelegt; es besteht die überwertige Idee, zu dick zu sein oder zu werden. Typischerweise ist Amenorrhö (Ausbleiben der Monatsblutung) zu beobachten, im Falle erkrankter männlicher Personen verringerte Libido und Potenz; falls die Störung vor der Pubertät einsetzt, finden sich Hemmungen der Reifevorgänge (z. B. Wachstumsstopp) – bei Mädchen Verzögerung oder Ausbleiben der ersten Menstruation und fehlende Brustentwicklung, bei Knaben schwache Ausbildung der Genitalien. Das Körpergewicht von Personen mit Anorexia nervosa liegt definitionsgemäß mindestens 15 % unter der Norm,

der Body-Mass-Index (Körpergewicht in Kilogramm dividiert durch die quadrierte Größe in Metern) ist kleiner als 17,5.

Typischerweise beginnt die Störung im Jugend- oder frühen Erwachsenenalter, bei weiblichen Personen nicht selten kurz nach den ersten Monatsblutungen. Zuweilen nimmt sie einen mehrjährigen Verlauf; sie wird häufig von depressiver Symptomatik begleitet. Wohl mindestens 5 % sterben an ihrer Erkrankung, welche u. a. durch kardiovaskuläre Komplikationen, Elektrolytstörungen, Blutbildveränderungen, Einschränkung der Nierenfunktion, Osteoporose mit pathologischen Frakturen, Auszehrung sowie Schädigungen oder Erkrankungen im Gastrointestinalsystem kompliziert wird, z. B. Rupturen der Speiseröhre oder Darmlähmungen. Zudem kommen gehäuft Suizide vor.

Die *Bulimia nervosa* ist gekennzeichnet durch „wiederholte Anfälle von Heißhunger" („Essattacken"), bei denen in kurzer Zeit große Nahrungsmengen aufgenommen werden (in Extremfällen bis 8000 kcal); zugleich werden wie bei Anorexia nervosa extreme Maßnahmen durchgeführt, das Körpergewicht zu kontrollieren (selbstinduziertes Erbrechen nach den Essattacken, Einlegen von Hungerperioden, Einnahme von Appetitzüglern, Laxantien, Diuretika oder Schilddrüsenhormonen). Menstruationsstörungen werden beobachtet, sind aber meist weniger ausgeprägt.

Bulimie manifestiert sich i. Allg. später als die Anorexia nervosa (allerdings nur selten nach dem 30. Lebensjahr). Der Verlauf ist in der Regel chronisch und erstreckt sich oft über mehr als ein Jahrzehnt; auch hier ist häufig Vergesellschaftung mit Depression zu beobachten. Todesfälle sind seltener als bei der Anorexie und zumeist kardialer Natur; immer wieder beschrieben werden auch Schädigungen der Zähne und des Mund-Rachenraums durch das häufige Erbrechen.

b) Biologische Grundlagen

Angesichts der häufigen Vergesellschaftung mit Depression, der Bedeutung von Serotonin für die Regulation der Nahrungsaufnahme sowie gewisser Wirksamkeit von SSRI – zumindest bei der Bulimie – konzentriert man sich bei beiden Störungen besonders auf das serotonerge System. Hinweise gibt es auf dessen reduzierte Aktivität (verminderte Ansprechbarkeit von Serotoninrezeptoren, eventuell erniedrigte Konzentrationen des Serotoninmetaboliten 5-HIAA im Liquor); allerdings sind diese Befunde nicht konsistent, und zudem ist nicht auszuschließen, dass geringere Nahrungsaufnahme ihrerseits auf das serotonerge System zurückwirkt.

c) Pharmakologische Behandlung

Bei schweren Fällen von Anorexia nervosa ist oft zunächst – neben intensiv-medizinischen Maßnahmen zur Bekämpfung der Komplikationen – hochkalorische Ernährung erforderlich, häufig mit Magensonde oder parenteral.

Die Rückfallprophylaxe wird v. a. mit selektiven Serotonin-Wiederaufnahmehemmern (SSRI) versucht, deren Wirksamkeit jedoch sehr bezweifelt wird (Herpertz et al., 2011).

Zur Steuerung des Essverhaltens bei Bulimia nervosa, speziell zur Verminderung der Häufigkeit von Essattacken, wurden verschiedene Antidepressiva eingesetzt. Am überzeugendsten konnte die Wirksamkeit des selektiven Serotonin-Wiederaufnahmehemmers Fluoxetin nachgewiesen werden; es ist nach wie vor die einzige Substanz, die in Deutschland für diese Indikation zugelassen ist. Die Wirkmechanismen sind nur bedingt klar; es handelt sich offenbar nicht um einen ausschließlichen antidepressiven Effekt, da zur Erreichung des therapeutischen Ziels bei Bulimia nervosa i. Allg. sehr viel höhere Dosen als für die Depressionsbehandlung erforderlich sind.

4.10 Schlafstörungen

Von diesen seien nur die Varianten der eigentlichen Schlaflosigkeit (die Insomnien) kurz besprochen. Die Hypersomnien (beispielsweise die Narkolepsie) gehören eher in das Gebiet der Neurologie, die pharmakologische Behandlung der Parasomnien (etwa Pavor nocturnus, Schlafwandeln) ist kompliziert (s. dazu Benkert & Hippius, 2013, S. 399f.)

Schlaflosigkeit ist ausgesprochen verbreitet (speziell im Alter) und lässt sich nur in wenigen Fällen organisch erklären (z. B. durch Tumorschmerzen); sie kann als Symptom im Rahmen psychischer Störungen auftreten (etwa bei Depression und Manie). Bei den meisten Patienten mit Insomnien finden sich keine biologischen Besonderheiten, von eventueller psychophysiologischer Überreaktivität abgesehen.

Viele Personen ertragen ihre Schlafstörungen; übrigens werden diese – wie genauere Untersuchungen in Schlaflabors zeigen – in ihrem Ausmaß nicht selten von den Betroffenen überschätzt. Manche versuchen, sich selbst zu therapieren, beispielsweise mit Alkohol, rezeptfreien Schlafmitteln aus der Gruppe der Antihistaminika oder mit pflanzlichen Präparaten (Baldrian, Hopfen, s. dazu 3.4.4). Auch die psychotrope Substanz GHB (bzw. ihre legale Vorstufe GBL) wird möglicherweise von mehr Personen zur Selbstbehandlung eingesetzt als lange gedacht (s. dazu Köhler, 2014b, S. 179).

Von ärztlicher Seite werden als Schlafmittel üblicherweise Benzodiazepine verordnet, um einen „Hangover" zu vermeiden, vorzugsweise solche mit kürzerer Halbwertszeit – es sei denn, es ist zusätzliche Tagessedierung erwünscht. Bei Einschlafstörungen kommen oft Hypnotika mit ultrakurzer Halbwertszeit zum

Einsatz. Die Benzodiazepinhypnotika entfalten ihre schlafanstoßende Wirkung über einen Agonismus am $GABA_A$-Benzodiazepinrezeptor-Komplex, welcher in 3.4.2 genauer beschrieben wird. Dort kommen auch Nebenwirkungen der ansonsten wenig toxischen Benzodiazepinhypnotika zur Sprache, neben Veränderung der „Schlafarchitektur" u. a. ein eventueller morgendlicher Hangover; besonders bei älteren Patienten mit eingeschränkter Nierenfunktion ist die Gefahr der Kumulation zu beachten. Unstrittig ist, dass Abhängigkeit entstehen kann (aber nicht muss), und zwar unter Umständen schon nach wenigen Wochen regelmäßiger Einnahme. Entzugssymptomatik, nicht selten schwerer Natur mit epileptischen Anfällen, wird beschrieben; es wird deshalb dringend geraten, bei längerer Anwendung die Präparate ausschleichend abzusetzen.

Neuere Entwicklungen, die sogenannten Nicht-Benzodiazepinhypnotika Zolpidem (z. B. Bikalm®, Stilnox®), Zopiclon (Ximovan®) oder Zaleplon (Sonata®), sollen ein geringeres Abhängigkeitspotenzial besitzen und die Struktur des physiologischen Schlafes weniger verändern. Andere Schlafmittel (Clomethiazol, Chloralhydrat, L-Tryptophan) werden eher selten in der ambulanten Behandlung eingesetzt (zu Barbituraten, Meprobamat und Methaqualon sowie Melatonin s. 3.4.5).

4.11 Sexuelle Funktionsstörungen

Vorbemerkungen
Die Behandlung sexueller Funktionsstörungen, beispielweise der v. a. bei Frauen nicht seltenen Dyspareunie (Schmerzen beim Geschlechtsverkehr), der erektilen Dysfunktion oder der Ejaculatio praecox, ist kompliziert und wird typischerweise von Spezialisten durchgeführt, wobei nicht selten auch verhaltensmedizinische Maßnahmen zum Einsatz kommen. Weiter kann die Gabe von Hormonen sinnvoll sein, was unter sorgfältiger Abwägung von Risiken und Kontraindikationen erfolgen sollte (eventuell Begünstigung bösartiger Neubildungen).

Ejaculatio praecox (vorzeitiger Samenerguss)
Diese Störung tritt hauptsächlich bei jüngeren Männern auf und ist oft die Folge sehr starker Erregung, eventuell auch eines ausgeprägten ejaculatorischen Reflexes oder einer besonders empfindlichen Glans penis. Die diesbezügliche Wirksamkeit von SSRI wie etwa Paroxetin (z. B. Seroxat®) ist schon lange bekannt; mittlerweile ist mit Dapoxetin (Priligy®) explizit ein SSRI zur Behandlung der Ejaculatio praecox auf dem Markt. Man macht sich hier eine oft unerwünschte Nebenwirkung – eine sexuelle Funktionsstörung in Form verzögerter Ejakulation – zu Nutze (s. 3.2.2).

Erektile Dysfunktion (Impotentia coeundi, Impotenz)
Diese kann zahlreiche organische Ursachen haben (etwa Diabetes mellitus, neurologische Erkrankungen, Leberzirrhose, anatomische Veränderungen); Impotenz im Alter ist häufig auf Veränderungen der Gefäße zurückzuführen, speziell auf Verengung von Arterien mit vermindertem Blutfluss in die Schwellkörper. Nicht selten ist erektile Dysfunktion Nebenwirkung von Medikamenten (etwa Hormonpräparaten, einigen Psychopharmaka oder Blutdruckmitteln).

Während als pharmakologische Behandlung lange im Wesentlichen nur das nebenwirkungsreiche und lediglich begrenzt wirksame Yohimbin zur Verfügung stand, befindet sich seit einigen Jahren mit dem Phosphodiesterasehemmer Sildenafil (Viagra®) ein zweifellos wirksames Medikament auf dem Markt. Sildenafil greift in die nachgeschaltete Signaltransduktion ein und verlängert so die Zeit des Einstroms von Blut in die Schwellkörper. Neben Kopfschmerz wurden Störungen des Farbensehens als Nebenwirkung beschrieben. Weiter wurde über Todesfälle von Viagra® einnehmenden Männern berichtet. Ob diese direkte kardiale Effekte sind oder aus der ungewohnten Anstrengung resultieren, scheint nicht geklärt; in jedem Fall kann das Medikament nicht als harmlos angesehen werden. Wie Sildenafil hemmen auch Tadalafil (Cialis®) und Vardenafil (Levitra®) spezifisch den Phosphodiesterasesubtyp PDE-5 und sind gleichfalls zur Behandlung der erektilen Dysfunktion zugelassen; sie haben einen ähnlichen Wirkmechanismus wie Sildenafil, unterscheiden sich aber in der Latenz bis zum Eintritt der Wirkung und deren Dauer (zu weiteren Behandlungsmöglichkeiten, z. B. mit Prostaglandinen, s. Rösing et al., 2009).

4.12 Persönlichkeitsstörungen

Persönlichkeitsstörungen werden in ICD-10 (S. 244) definiert als „tief verwurzelte, anhaltende", weitgehend situationsübergreifende Verhaltensmuster, welche sich in „starren Reaktionen" zeigen; sie gehen häufig „mit persönlichem Leiden und gestörter sozialer Funktions- und Leistungsfähigkeit" einher. Die Störungen beginnen typischerweise in der Kindheit oder Adoleszenz und setzen sich in das Erwachsenenalter fort.

Je nach Klassifikationssystem werden ungefähr zehn Subtypen von Persönlichkeitsstörungen unterschieden. Allerdings sind die Beschreibungen wenig eindeutig, und zudem verändert sich die Einteilung von Ausgabe zu Ausgabe der diagnostisch-klassifikatorischen Manuale.

Erst seit wenigen Jahren konzentriert man sich stärker auf die biologischen Aspekte dieser Störungen und versucht gezielter ihre psychopharmakologische Behandlung; letztlich liegt hier aber wenig Gesichertes vor.

4.12 Persönlichkeitsstörungen

Lediglich zu der der Schizophrenie nahestehenden schizotypischen Persönlichkeitsstörung sowie zur Borderline-Persönlichkeitsstörung wurden zahlreichere biologische Befunde erhoben und systematischere Therapiestudien veröffentlicht. Neben der dissozialen (antisozialen) sollen daher nur diese Persönlichkeitsstörungen dargestellt werden.

4.12.1 Schizotypische Persönlichkeitsstörung (Schizotypie)

a) Definition, Symptomatik, Verlauf
Während in ICD-10 ein hinsichtlich Symptomatik zwischen schizoider Persönlichkeitsstörung und Schizophrenie liegendes Störungsbild als Schizotypie bezeichnet und deutlich in die Nähe der Schizophrenie gerückt wird, fassen die Autoren des DSM die gleiche Symptomatik als Zeichen einer Persönlichkeitsstörung auf, der sogenannten schizotypischen. Die Schizotypie oder schizotype Störung nach ICD-10 wird beschrieben als „Störung mit exzentrischem Verhalten und Anomalien des Denkens und der Stimmung, die schizophren wirken, obwohl nie eindeutige und charakteristische schizophrene Symptome aufgetreten sind". Die Betroffenen sind durch Kälte, Unnahbarkeit und sozialen Rückzug gekennzeichnet, zudem durch zwanghaftes Grübeln, Misstrauen und paranoide Ideen. Hinzu kommen exzentrisches Verhalten, „seltsame Glaubensinhalte und magisches Denken" sowie Eigenheiten in Denken und Sprache (Vagheit, Umständlichkeit, Gekünsteltheit, dabei aber Fehlen von Zerfahrenheit). Weiter finden sich Auffälligkeiten, die an die Positivsymptomatik bei Schizophrenien erinnern, nämlich „ungewöhnliche Wahrnehmungserlebnisse mit Körpergefühlsstörungen oder anderen Illusionen, Depersonalisations- oder Derealisationserleben" sowie vorübergehende „quasipsychotische Episoden mit intensiven Illusionen, akustischen oder anderen Halluzinationen und wahnähnlichen Ideen" (verkürzt nach ICD-10, S. 122f.). Der Verlauf ist zumeist chronisch; Übergänge in Schizophrenie kommen vor, scheinen aber nicht die Regel.

b) Biologische Grundlagen
Sie entsprechen – wenn auch meist weniger ausgeprägt – jenen der Schizophrenie: So bleibt bei einem Teil der Schizotypiepatienten die elektrodermale Orientierungsreaktion aus, während sie bei einem anderen Teil ungewöhnlich schlecht habituiert. Auch die bei Schizophrenen mit gewisser Regelmäßigkeit zu beobachtende Unfähigkeit, ein bewegtes Objekt ruhig mit den Augen zu verfolgen (eye tracking dysfunction), ist häufig bei Probanden mit schizotypischer Persönlichkeitsstörung nachzuweisen;

weiter stellt man bei Letzteren gehäuft Aufmerksamkeitsstörungen fest; hieraus schließt man v. a. auf Beeinträchtigungen im Frontallappen (zur Literatur s. Köhler, 2005, S. 224f.). Transmitter- und Rezeptorbindungsstudien zeigen an Schizotypen mit vorwiegend produktiver Symptomatik die auch bei Schizophrenieformen beobachteten (vermutlich lokal begrenzten) Überaktivitäten im dopaminergen System.

Angesichts des häufigen gemeinsamen familiären Auftretens und der Tatsache, dass viele Betroffene später Schizophrenie entwickeln, sieht man in der schizotypischen Persönlichkeitsstörung eine Vorform bzw. eine nicht voll zum Ausbruch gekommene Schizophrenie und geht von ähnlichen Genesemodellen aus. Auf Grund von Ähnlichkeiten u. a. der Symptomatik wird die Schizotypie zusammen mit der schizoiden und paranoiden Persönlichkeitsstörung bekanntlich zu den Schizophreniespektrumsstörungen gerechnet, wozu auch oft die Schizophrenie selbst gezählt wird. Den negativen Symptomen und neuropsychologischen Defiziten sowohl bei schizotypischer Persönlichkeitsstörung wie bei Schizophrenie soll eine Dysfunktion der frontalen Hirnregionen mit Dopaminminderaktivität zu Grunde liegen (Walker & Gale, 1995); Schizophrenie mit ausgeprägten positiven Symptomen entsteht nach Auffassung dieser Autoren dann, wenn es zusätzlich zur Überaktivität mesolimbischer dopaminerger Bahnen kommt, beispielsweise unter der Einwirkung von Stressoren oder im Rahmen der physiologischen ZNS-Veränderungen während der Pubertät.

Als Ursache der Hypofrontalität (der frontalen Minderaktivität) nimmt man im Wesentlichen genetische Faktoren sowohl bei der schizotypischen Persönlichkeitsstörung als auch bei Schizophrenie an. Diskutiert werden in letzter Zeit zudem pränatale Schädigungen, etwa durch Mangelernährung; auch frühkindlichen Infektionen oder Infektionskrankheiten der Mutter während der Schwangerschaft wird eine gewisse ätiologische Bedeutung zugeschrieben.

c) Pharmakologische Behandlung

Zur Dämpfung psychotischer Symptome im Rahmen der schizotypischen Persönlichkeitsstörung werden – wohl mit gewissem, eher begrenztem Erfolg – niedrigdosiert atypische Neuroleptika eingesetzt; keines von ihnen ist aber meines Wissens explizit zur Behandlung der schizotypischen Persönlichkeitsstörung zugelassen.

4.12.2 Borderline-Persönlichkeitsstörung

a) Definition, Symptomatik, Verlauf

Die Borderline-Persönlichkeitsstörung des DSM entspricht weitgehend der emotional instabilen Persönlichkeitsstörung vom Borderline-Typ in ICD-10. Sie wird dort beschrieben durch „wechselnde, instabile Stimmung", durch die Tendenz, „impulsiv" zu handeln, ohne eventuelle Konsequenzen zu berücksichtigen, durch „Ausbrüche intensiven Ärgers" mit „gewalttätigem und explosiblem" Verhalten, oft ausgelöst durch Kritik anderer. Kennzeichnend sei zudem eine gewisse Unklarheit des Selbstbildes sowie ein „chronisches Gefühl innerer Leere"; im Rahmen der Suche nach „intensiven, aber unbeständigen Beziehungen" komme es zu „wiederholten emotionalen Krisen" mit „übermäßigen Anstrengungen, nicht verlassen zu werden"; dabei werden Suiziddrohungen vorgebracht oder „selbstschädigende Handlungen" vorgenommen (verkürzt nach ICD-10, S. 249f.). Die Störung ist v. a. bei Frauen häufig mit depressiven Zuständen vergesellschaftet.

Die Störung zeigt typischerweise chronischen Verlauf; Übergänge in ausgeprägte Depressionen dürften nicht selten sein.

b) Biologische Grundlagen
Biologische Erklärungsansätze gehen v. a. von dem übermäßig impulsiven Verhalten der Betroffenen aus und versuchen, dieses mit einer Dysfunktion (im engeren Sinne: mit einer Minderaktivität) im serotonergen System in Verbindung zu bringen. So wurde die Hypothese aufgestellt, dass das impulsive Verhalten aus der Serotoninmangelsituation entstehe, möglicherweise sogar seinerseits dazu diene, diesen defizitären Zustand zu beseitigen.

c) Pharmakologische Behandlung
Angesichts der bei der Borderline-Persönlichkeitsstörung angenommenen Minderaktivität im serotonergen System sowie der häufigen Vergesellschaftung mit Depression liegt es nahe, zur Behandlung Antidepressiva einzusetzen, und zwar solche, die speziell auf die Serotonin-Wiederaufnahme wirken, also insbesondere SSRI. Auch zeigen einige Stimmungsstabilisierer sowie gewisse Neuroleptika Erfolg (s. dazu Benkert & Hippius, 2013, S. 586).

4.12.3 Dissoziale (antisoziale) Persönlichkeitsstörung

a) Definition, Symptomatik, Verlauf
Die dissoziale Persönlichkeitsstörung nach ICD-10 (in DSM als antisoziale Persönlichkeitsstörung bezeichnet, in der wissenschaftlichen Umgangssprache oft Psychopathie oder Soziopathie genannt) fällt durch eine „große Diskrepanz zwischen dem Verhalten und den geltenden sozialen Normen" auf und ist u. a. charakterisiert durch „herzloses Unbeteiligtsein gegenüber den Gefühlen anderer", „Verantwor-

tungslosigkeit" und Missachtung sozialer Regeln, „Unvermögen zur Beibehaltung längerfristiger Beziehungen", „sehr geringe Frustrationstoleranz und niedrige Schwelle für aggressives, auch gewalttätiges Verhalten". Hervorgehoben werden weiter die „Unfähigkeit zum Erleben von Schuldbewusstsein" oder zum „Lernen aus Erfahrung" sowie die Neigung, „andere zu beschuldigen" oder das eigene Fehlverhalten zu rationalisieren (nach ICD-10, S. 248f.).

Viele der Betroffenen – nicht alle – werden kriminell; es gibt jedoch auch Fälle, bei denen sich die genannten Eigenschaften im Laufe der Jahre verlieren oder zumindest abschwächen.

b) Biologische Grundlagen

Eine erbliche Komponente ist mittlerweile kaum umstritten, und erste Kandidatengene stehen in Diskussion (Rodrigo, Rajapakse & Jagananda, 2010). Unter der Annahme, dass das unangepasste Verhalten nicht zuletzt der Selbststimulation dient, hat sich die Forschung u. a. auf die Aktivierungslage der Betroffenen konzentriert. Tatsächlich werden EEG-Abnormitäten bei Probanden mit dissozialer Persönlichkeitsstörung beobachtet, insbesondere niedrigfrequente Grundaktivitäten (Lindberg et al., 2005). Gegenwärtig eher noch vage Hinweise gibt es auf Defizite in kognitiven Leistungen, die als Funktionen des Frontallappens aufgefasst werden (etwa Abstraktionsfähigkeit und Flexibilität; zu spezielleren Befunden und neurobiologischen Hypothesen s. Glenn & Raine, 2008). Weiter deuten einige Untersuchungen auf eine Minderaktivität des serotonergen Systems hin, dies allerdings keineswegs durchgängig.

c) Pharmakologische Behandlung

Sie ist insofern schwierig, als die Betroffenen häufig kaum unter Leidensdruck stehen und nicht bereit sind, sich längeren Behandlungen zu unterziehen; oft kommen sie überhaupt nur auf Grund diesbezüglicher gerichtlicher Auflagen. Ob SSRI, Stimmungsstabilisierer oder atypische Antipsychotika Verbesserungen bringen können, ist umstritten. Nach wie vor ist man pessimistisch, effektiv pharmakologisch antisoziales Verhalten ändern zu können (Rodrigo et al., 2010).

4.13 Spielsucht

a) Symptomatik

ICD-10 kodiert mit F63.0 – als Unterkategorie von F63: „abnorme Gewohnheiten und Störungen der Impulskontrolle" – „pathologisches Spielen", welches wie folgt charakterisiert wird: „Die Störung besteht in häufig wiederholtem episodenhaftem Glücksspiel, das die Lebensführung der betroffenen Person beherrscht und zum Verfall der sozialen, beruflichen, materiellen und familiären Werte und Verpflichtungen führt" (ICD-10, S. 259). Aus diesen und noch mehr aus den weiteren Ausführungen geht hervor, dass damit nur das Spielen um Geldsummen gemeint ist, während allgemeine Spielsucht, z. B. bei Internetspielen ohne Geldeinsatz oder bei genereller „Internetsucht", in diesem Klassifikationssystem keinen Platz findet (auch nicht unter der Rubrik Z72: „Probleme bei der Lebensführung"). Gleichwohl hat natürlich Letzteres ebenfalls Krankheitswert, da es zur Einschränkungen in anderen Leistungsbereichen führen kann.

b) Biologische Grundlagen
Auch wenn wenig Konkretes dazu vorliegt, ist es wahrscheinlich, dass hier synaptische Veränderungen vorliegen, möglicherweise in mehreren Transmittersystemen gleichzeitig.

c) Pharmakologische Therapie
Unzweifelhaft sollte die Intervention primär psychotherapeutischer Art sein; trotzdem wird der zusätzliche Einsatz von Medikamenten diskutiert, von denen allerdings keines explizit für diese Indikation zugelassen ist. Benkert und Hippius (2013, S. 591f.) nennen als diesbezüglich Erfolg versprechende Substanzen u. a. SSRI, Stimmungsstabilisierer, gewisse Opiatantagonisten, während der Wert von atypischen Neuroleptika (zumindest bei alleiniger Gabe) eher unsicher ist. Auch sogenannte Glutamatmodulatoren, wie etwa das zur Behandlung des Alkohol-Cravings zugelassene Acamprosat, könnten hier unterstützend wirken.

4.14 Psychische Störungen im Kindes- und Jugendalter

4.14.1 Frühkindlicher Autismus

a) Symptomatik und Verlauf
Der in der Literatur zuweilen als Kanner'sches Autismus-Syndrom oder Kanner-Syndrom bezeichnete frühkindliche Autismus ist in ICD-10 unter der Rubrik „tiefgreifende Entwicklungsstörungen" aufgeführt. Er wird dort charakterisiert durch „gestörte Funktionsfähigkeit" in der „sozialen Interaktion, der Kommunikation und in eingeschränktem repetitiven Verhalten". Es bleiben u. a. Reaktionen auf Emotionen anderer Menschen aus; die gestörte Kommunikation zeigt sich im „Fehlen eines sozialen Gebrauchs vorhandener sprachlicher Fähigkeiten", in „ge-

ringer Flexibilität im Sprachausdruck" und einem „Mangel an Kreativität und Phantasie im Denkprozess". Als weitere Charakteristika werden eingeschränkte Interessen sowie stereotype Verhaltensmuster (mit der Folge eines höchst gleichförmigen, ritualisierten Tagesablaufs) angeführt, zudem Widerstand gegenüber Veränderungen von Handlungsabläufen und der Umgebung; auch besteht häufig eine ausgesprochene Neigung zu Selbstverletzung. Autismus kann bei jedem Intelligenzniveau vorkommen, in etwa drei Viertel der Fälle besteht jedoch „deutliche Intelligenzminderung" (stark verkürzt nach ICD-10, S. 306ff.).

Im typischen Fall setzt die Störung sehr früh ein, äußert sich häufig schon in den ersten Lebensmonaten durch fehlenden emotionalen Kontakt. Die Prognose gilt i. Allg. als schlecht: Etwa die Hälfte lernt überhaupt nicht zu sprechen; bestenfalls etwa 20 % können später ein leidlich angepasstes Leben führen, der Großteil ist auf Hilfe angewiesen oder sogar dauerhaft in Institutionen untergebracht.

b) Biologische Grundlagen
Weitgehend übereinstimmend zeigen mehrere Untersuchungen vergleichsweise spezifische Hirnveränderungen, speziell im Kleinhirn. Auch gibt es Hinweise auf eine serotonerge Minderaktivität; diskutiert werden zudem Störungen des dopaminergen und noradrenergen Systems, ohne dass allerdings hierzu eindeutig interpretierbare Befunde vorliegen (s. Köhler, 2005, S. 252f.). Eine weitere interessante – leider seither nie mehr gründlich überprüfte – Hypothese ist die einer Überaktivität im endogenen Opioidhaushalt („Opioidhypothese", s. dazu Panksepp, 1979); Anstoß zu dieser Vermutung gab das häufig zu beobachtende selbstschädigende Verhalten der Kinder, welches eine erniedrigte Schmerzempfindlichkeit nahelegt.

c) Pharmakologische Behandlung
Sie wurde mit verschiedenartigen Substanzen versucht. Verbreitet und auch in ihrer Effizienz belegt ist die Gabe einiger atypischer Neuroleptika, beispielsweise von Risperidon. Kontrovers diskutiert wird hingegen der Einsatz von SSRI und anderen Antidepressiva (Benkert & Hippius, 2013, S. 590).

4.14.2 Aufmerksamkeitsdefizit-Hyperaktivitätsstörung (ADHS; ADHD)

a) Symptomatik und Verlauf
Als Hauptmerkmale der früher häufiger als „minimale zerebrale Dysfunktion" (MCD) bezeichneten Störung werden in ICD-10 genannt: „Mangel an Ausdauer bei

Beschäftigungen, die einen kognitiven Einsatz verlangen", „Tendenz, von einer Tätigkeit zu einer anderen zu wechseln, ohne etwas zu Ende zu bringen" sowie eine „desorganisierte, mangelhaft regulierte und überschießende" Aktivität. Häufig zu beobachten sind zudem „Distanzlosigkeit in sozialen Beziehungen, Unbekümmertheit in gefährlichen Situationen und impulsive Missachtung sozialer Regeln" (stark verkürzt nach ICD-10, S. 317f.).

Die Störung beginnt üblicherweise vor dem 6. Lebensjahr, dauert im typischen Fall über die gesamte Schulzeit an und reicht nicht selten ins Erwachsenenalter, dann oft in abgemilderter Form; immerhin hat ein erheblicher Prozentsatz weiterhin Konzentrationsschwierigkeiten und Probleme, Routinetätigkeiten konsequent durchzuführen; Substanzmissbrauch und Persönlichkeitsstörungen werden häufiger als unter der erwachsenen Normalbevölkerung beobachtet (Krause, 2007; Philipsen, Heßlinger & van Elst, 2008).

b) Biologische Grundlagen

Dazu ist letztlich viel weniger bekannt als angesichts der weiten Verbreitung der Störung und ihrer klinischen Relevanz zu erwarten. Es gibt gewisse Hinweise auf eine zerebrale Minderaktivierung, was zur gängigen Hypothese einer generellen Unterstimulierung der Patienten passen würde. Auch deutet einiges auf eine verminderte Aktivität des dopaminergen Systems hin, möglicherweise in Form vermehrter Carrierproteine für diesen Transmitter (s. Köhler, 2005, S. 147 und die dort angeführte Literatur); dies würde erklären, warum das Dopamintransporter blockierende (damit dopaminagonistische) Methylphenidat gute Wirkung zeigt.

c) Pharmakologische Behandlung

Sie besteht üblicherweise in der Verabreichung von psychostimulatorisch wirkenden Substanzen; am häufigsten kommt in Deutschland Methylphenidat (z. B. Ritalin®, Equasym®, Medikinet®, Concerta®, einige davon in Retardform) zum Einsatz, welches unter das Betäubungsmittelgesetz gestellt ist; ebenso das D,L-Amphetamin, welches mittlerweile auch unter dem Handelsnamen Elvanse® als Fertigpräparat zur Verfügung steht, sowie D-Amphetamin (Attentin®) können unter Umständen statt Methylphenidat eingesetzt werden. Von Modanifil (Vigil®) und Pemolin (Tradon®) wird hingegen – zumindest bei Kindern und Jugendlichen – abgeraten (Benkert & Hippius, 2013, S. 416 und S. 568).

Zur Anwendung kommen diese Substanzen unter der (kontrovers diskutierten) Annahme chronischer Unteraktivität im Gehirn hyperkinetischer Kinder, zu deren Beseitigung das unruhige, sprunghafte Verhalten der Theorie nach dient. Pharmakologische Stimulation dieser minderaktiven Hirnareale würde die störenden Verhaltensweisen überflüssig machen.

Der kurzfristige Effekt dieser Medikamente hinsichtlich Dämpfung von Unruhe und Impulsivität sowie Verbesserung schulischer und feinmotorischer Leistungen ist in zahlreichen Untersuchungen nachgewiesen; auch längerfristig wird Verbesserung hyperkinetischer Symptome beobachtet. Bei sachgemäßer Dosierung sind nach gegenwärtigem Kenntnisstand die Nebenwirkungen gering; jedoch ist auf mögliche Wachstumsstörungen zu achten, und Herz-Kreislauf-Erkrankungen stellen ernste Kontraindikationen dar. Das prinzipielle Abhängigkeitspotenzial ist zwar unbestritten – am geringsten wohl bei lang wirksamen Methylphenidat-Präparaten –, spielt aber möglicherweise in dieser (generell zur Suchtentwicklung neigenden) Patientengruppe eine nicht allzu große spezifische Rolle; das Risiko späteren Drogenkonsums soll bei so behandelten Kindern nicht erhöht sein (s. dazu Benkert & Hippius, 2013, S. 571f).

Zeitweise erhebliche Beachtung als Alternative hat Atomoxetin (Strattera®) gefunden, eine v. a. das Noradrenalin-Reuptake, kaum jedoch die Dopamin-Wiederaufnahme verhindernde und so vom Wirkmechanismus her bestimmten Antidepressiva nahestehende Substanz, welche auch nicht unter die Bestimmungen der BtMVV fällt. Das mittlerweile offensichtlich kritischer gesehene Medikament weist gegenüber den Methylphenidat-Präparaten gewisse Vor-, aber auch Nachteile auf (s. etwa Buitelaar et al., 2007).

Ein bekanntes Problem stellt die Behandlung der ADHS im Erwachsenenalter dar; mittlerweile hat mit Medikinet adult® ein methylphenidathaltiges Medikament dafür die Zulassung erhalten (wobei die Verschreibungsvorschriften ziemlich kompliziert sind). Atomoxetin sowie Amphetaminpräparate sind nicht explizit für die erstmalige Therapie von ADHS im Erwachsenenalter zugelassen.

5

Pharmakotherapie und Psychotherapie

Anders als die diversen psychotherapeutischen Verfahren, die sich in ihrem Einsatz und ihrer Wirksamkeit gegeneinander abgrenzen müssen, stellt die Behandlung mit Pharmaka eine Intervention dar, die gar nicht mit der Psychotherapie konkurrieren sollte, sondern sie meist – allerdings keineswegs immer – sinnvoll unterstützt, zuweilen überhaupt erst möglich macht. Dass die Alternative nicht heißt: Pharmakotherapie oder Psychotherapie, ist leicht bei Lektüre des zwangsweise sehr biologistischen *Kompendiums der Psychiatrischen Pharmakotherapie* von Benkert und Hippius (2013) zu ersehen, wo die Autoren bei vielen Störungsbildern auf die zusätzlichen nicht-biologischen Behandlungsmöglichkeiten aufmerksam machen; so widmen sich beispielsweise längere Abschnitte der gleichzeitigen Pharmako- und Psychotherapie der Panikstörung, der Generalisierten Angststörung, der Zwangsstörung, der PTBS und der Depression (S. 33f., S. 37, S. 39, S. 48f.).

Auch sonst gibt es ausreichend wissenschaftliche Literatur, welche belegt, dass Psychotherapie und pharmakologische Behandlung kombiniert jeder der isolierten Interventionen überlegen ist, so – um nur eine von vielen zu nennen – die jüngst erschienene Arbeit von Cuijpers et al. (2014), die dies für die Störungsbilder Depression (major depression), Panikstörung und Zwangsstörung belegt (in dieser Arbeit auch zahlreiche weitere Quellenangaben). Ein Effekt, welcher in diesem Kontext nicht unterschätzt werden sollte, ist der psychoedukative: Unabhängig von spezifischen psychotherapeutischen Interventionen können bereits der regelmäßige Kontakt und entsprechende Rückmeldungen die Wahrscheinlichkeit der regelmäßigen Medikamenteneinnahme erhöhen und so den gefürchteten Rezidiven nach eigenwilligem Absetzen der Medikation vorbeugen (s. beispielsweise Chong, Aslani & Chen, 2011). Als weiterer Aspekt kommt hinzu, dass psychotherapeutisch Tätige die Patienten in der Regel sehr viel öfter und in engeren zeitlichen Abständen sehen als die für die Medikation verantwortlichen Psychiater und insofern Nebenwirkungen der Psychopharmakotherapie häufig schon viel früher erkennen können.

Kommen wir noch einmal auf die in Kapitel 1 angeführten Fallbeispiele zurück:

So wird Patient 1 in einem akuten psychotischen Schub wenig zu geregelten Gesprächen bereit und fähig sein, ist möglicherweise unter dem Einfluss befehlender Stimmen sogar gefährlich, sodass eine Kontaktnahme – wenn überhaupt in diesem Stadium – nur im gut gesicherten Rahmen erfolgen sollte. Erst nach mehrtägiger Gabe von Antipsychotika dürfte sich die Zerfahrenheit legen und die vielleicht noch existenten, aber nun weniger floriden Wahnvorstellungen psychotherapeutisch angehbar sein, beispielsweise mit kognitiv-verhaltenstherapeutischen Methoden. Nebenbei sollten aber alle Anstrengungen unternommen werden, dass der Patient nicht – sei es aus eigenem Gutdünken oder nach wohlmeinendem Rat selbsternannter Experten – die Medikation beendet und so mit großer Wahrscheinlichkeit eine Absetzpsychose entwickelt.

Die Patientin mit der rezidierenden depressiven Störung wird vermutlich in einer schweren depressiven Episode wenig für Gespräche zugänglich sein, und erst dann, wenn die Medikamente nach einigen Wochen ihre Wirkung zeigen, sich auf kognitive Therapien zu Veränderungen inadäquater Einstellungen einlassen können. Liegt gerade keine depressive Episode vor – befindet sich die Patientin „im Intervall" (ist „gegenwärtig remittiert" in der Ausdrucksweise von ICD-10) –, gestaltet sich der psychotherapeutische Zugang leichter. Allerdings ist nicht zu erwarten, dass damit allein der erneute Rückfall in eine depressive Phase zu verhindern ist; man wird also die Antidepressiva nach Abklingen der Phase zuerst in ähnlich hoher Dosierung weiterführen (Erhaltungstherapie), dann zur Rezidivprophylaxe gut verträgliche antidepressiv wirkende Medikamente in niedrigerer Dosierung einsetzen – die prinzipiell mögliche Phasenprophylaxe unipolarer Störungen mit Lithium ist wegen der komplizierten Handhabung und der schlechten Verträglichkeit der Präparate wenig verbreitet. In dieser Zeit ist psychotherapeutische Behandlung sehr sinnvoll, einerseits um leichte depressive Verstimmungen abzufangen, ohne die Medikation zu erhöhen, andererseits um durch therapeutisch und diagnostisch geschulte Personen die Frühsymptome eines Rezidivs zu erkennen und rechtzeitig der Suizidgefahr zu begegnen. Generell sollte man auch hier so gut wie möglich sicherstellen, dass die Patientin die verordneten Medikamente zuverlässig einnimmt. Da die Antidepressiva keineswegs nebenwirkungsarm sind (insbesondere die trizyklischen), sollten sich Psychotherapeuten mit diesen möglichen Komplikationen vertraut machen, um sie in einem Frühstadium zu erkennen und entsprechende Gegenmaßnahmen anzuregen.

Beim bipolar gestörten Patienten (dem „manischen-depressiven" Erkrankten) gilt das Gleiche: In der depressiven Episode ist der Zugang zu ihm alles andere als leicht, in der manischen eher noch schwerer, nicht zuletzt wegen seiner mangelnden Krankheitseinsicht, der Ideenflucht und einer oft beträchtlichen Aggressivität. Ohne akute Behandlung mit Medikamenten – die in der depressiven Episode wegen der Gefahr einer manischen Symptomprovokation besonders sorgfältig durchgeführt werden muss – sind die psychotherapeutischen Einflussmöglichkeiten somit sehr gering. Anders ist es in den Intervallen, wo der Patient idealerweise gewissenhaft Stimmungsstabilisierer in Form von Lithiumsalzen oder Antikonvulsiva (eventuell auch atypische Antipsychotika) einnimmt. Dort haben beispielsweise kognitiv-verhaltenstherapeutische Interventionen zur Veränderung von Einstellungen durchaus ihren Sinn; daneben sind aber auch psychoedukative Maßnahmen erforderlich, einerseits um den Patienten von der Notwendigkeit der oft schlecht verträglichen Stimmungsstabilisierer zu überzeugen, andererseits um rechtzeitig den Beginn einer neuen Episode zu erkennen und den Patienten vom Suizidversuch (speziell in depressiven Episoden) oder ruinösen Geldausgaben (in manischen) abzuhalten.

Den Mann mit dem Alkoholabhängigkeitssyndrom wird man natürlich psychotherapeutisch behandeln müssen, aber es ist unwahrscheinlich, dass dies ohne gleichzeitige Medikation gelingt: Ist er noch nicht „trocken", muss man angesichts des langjährigen Alkoholabusus mit Entzugserscheinungen rechnen und diesen eventuell medikamentös vorbeugen, ist er bereits entwöhnt, dürfte es sehr sinnvoll sein, seine Gier nach der Substanz mit Anti-Craving-Mitteln zu lindern.

Dass bei der alten Dame mit Alzheimer-Demenz psychoedukative Maßnahmen sinnvoll sind (leichte, aber keineswegs überfordernde geistige Anregung, Aufstellung von Hinweisreizen, welche an zu erledigende Tätigkeiten erinnern können), steht außer Frage; allerdings wird dies nicht die neuropathologischen Abbauprozesse stoppen können, welche man mit Antidementiva zumindest etwas aufhalten kann. Zeigt die Patientin später Wesensveränderungen oder wird zunehmend psychomotorisch agitiert, dürfte man um den Einsatz von Neuroleptika nicht herumkommen.

Auch das Kind mit ADHS wird mit psychologischen Techniken allein kaum ausreichend zu therapieren sein. Dann sind Mittel der Wahl eben die Psychostimulanzien, und es ist sehr sinnvoll, dass die psychotherapeutisch tätige Person sich über deren Nebenwirkungen informiert und ihren Teil dazu beiträgt, dass sich diese im Rahmen halten (beispielsweise durch Medikationspausen).

Zeigten die so weit dargestellten Fallbeispiele, dass Psychotherapie oft ohne gleichzeitige pharmakologische Behandlung erschwert werden kann oder sogar unmöglich ist, so ist andererseits auch die Situation denkbar, dass psychopharmakologische Unterstützung von Psychotherapie nicht selten überflüssig, zuweilen sogar schädlich sein kann.

Dies gilt zum einen für nicht allzu ausgeprägte depressive Zustände, wo nach Meinung vieler Autoren Antidepressiva zu leichtfertig verordnet werden, speziell wenn man ihre doch teils recht gravierenden Nebenwirkungen betrachtet wie initiale Erhöhung der Suizidgefahr, schwer wieder rückgängig zu machende Gewichtszunahmen, teils lebensbedrohliche kardiale und andere vegetative Nebeneffekte. Auch der Einsatz der in solchen Fällen nicht selten verordneten atypischen

Antipsychotika sollte wegen ihrer hormonellen und metabolischen Begleitveränderungen sehr genau überlegt sein und erst dann geschehen, wenn Psychotherapie nicht die gewünschten Besserungen erbringt.

Geradezu kontraindiziert könnten zum anderen Psychopharmaka bei Angstzuständen sein, wo sie zwar den Leidensdruck lindern, dabei aber gleichzeitig die Therapiemotivation nehmen. So ist beispielsweise der selektive und reversible MAO-A-Hemmer Moclobemid explizit zur Behandlung sozialer Phobien zugelassen, und es steht zu befürchten, dass die eine oder andere Person eine jahrelange Dauermedikation einer mühsamen und quälerischen Expositionstherapie vorzieht. Ähnliches gilt für die Generalisierte Angststörung, die Panikstörung oder auch die posttraumatische Belastungsstörung, bei denen man sich klar sein sollte, dass medikamentöse Behandlung (auch Mitbehandlung) im typischen Fall nur dann stattfinden sollte, wenn die psychotherapeutischen Möglichkeiten ausgeschöpft sind oder eine Psychotherapie nur unter Medikation durchgeführt werden kann.

6

Weiterführende Literatur

Das Standardwerk zur Psychopharmakotherapie ist und bleibt immer noch das von Benkert und Hippius herausgegebene *Kompendium der Psychiatrischen Pharmakotherapie* (9. Auflage 2013), an dessen Abfassung weitere zwölf Spezialisten beteiligt sind. Auf etwa 700 eng bedruckten Seiten werden die im Handel befindlichen Psychopharmaka vorgestellt, inklusive ihrer Indikationen, Nebenwirkungen und – was mir sehr wichtig scheint – ihrer Interaktionen mit anderen Substanzen. Da das Buch etwa alle zwei Jahre in Neuauflage erscheint, sind die Angaben i. Allg. sehr aktuell und entsprechen dem letzten Wissensstand.

Allerdings ist die Monographie für Nicht-Mediziner meines Erachtens schwer verständlich, außerdem zu lang und zu detailliert, um sich schnell einen ersten Überblick über einzelne Gruppen von Pharmaka zu besorgen.

Diesbezüglich leichter zugänglich ist das kleine Buch von Benkert *Psychopharmaka: Medikamente, Wirkung, Risiken* (5. Auflage 2009), das eher an eine weniger spezialisierte Leserschaft gerichtet ist und nicht alle Medikamente aufführt – abgesehen davon, dass durch die vergleichsweise großen zeitlichen Abstände der Neuauflagen zwangsweise die Aktualität nicht immer gesichert ist.

Eine Art Mittelweg versuche ich mit meiner Monographie *Pharmakotherapie in der Psychotherapie: Ein Kompendium für Psychologen und psychologische Psychotherapeuten* (5. Auflage 2014), das zwar ebenfalls die augenblicklich im Handel befindlichen Psychopharmaka einzeln nennt, aber von vornherein nach Gruppen gliedert, für die global Indikationen und Nebenwirkungen angegeben werden; auf Dosierungsangaben und spezielle Interaktionen wurde bewusst verzichtet, um nicht den Eindruck zu erwecken, es stelle eine Anleitung zur Behandlung mit Psychopharmaka dar.

Vielmehr soll es der großenteils nicht-medizinischen Leserschaft einen ersten Überblick über die Medikamente und ihre wesentlichen Angriffspunkte geben; dazu werden auch die biologischen Grundlagen der einzelnen Störungen kurz dargestellt (etwa die Acetylcholinhypothese der Alzheimer-Demenz, die Dopaminhypothese der Schizophrenie).

Da die Auflagenhöhe nicht allzu groß ist, wird das Buch etwa alle zwei bis drei Jahre aktualisiert.

7

Literatur

Bachmann, C.J., Lempp, T., Glaeske, G. & Hoffmann, F. (2014). Antipsychotika-Verordnungen bei Kindern und Jugendlichen. *Deutsches Ärzteblatt, 111,* 25–34.

Balon, R. (2006). SSRI-associated sexual dysfunction. *American Journal of Psychiatry, 163,* 1504–1509.

Benkert, O. (2009). *Psychopharmaka: Medikamente, Wirkung, Risiken* (5. Auflage). München: Beck.

Benkert, O. & Hippius, H. (2013). *Kompendium der Psychiatrischen Pharmakotherapie* (9. Auflage). Heidelberg: Springer.

Benkert, O. & Lenzen-Schulte, M. (2004). *Zwangskrankheiten: Ursachen, Symptome, Therapien* (2. Auflage). München: Beck.

Buitelaar, J.K., Michelson, D., Danckaerts, M., Gillberg, C., Spencer, T.J., Zuddas, A., Faries, D.E., Zhang, S. & Biederman, J. (2007). A randomized, double-blind study of continuation treatment for attention-deficit/hyperactivity disorder after 1 year. *Biological Psychiatry, 61,* 694–699.

Chong, W.W., Aslani, P. & Chen, T.F. (2011). Effectiveness of interventions to improve antidepressant medication adherence: a systematic review. *International Journal of Clinical Practice, 65,* 954–975.

Chue, P. & Lalonde, J.K. (2014). Addressing the unmet needs of patients with persistent negative symptoms in schizophrenia: emerging pharmacological treatment options. *Neuropsychiatric Disease and Treatment, 10,* 777–789.

Cuijpers, P., Sijbrandij, M., Koole, S.L., Andersson, G., Beekman, A.T. & Reynolds, C.F. (2014). Adding psychotherapy to antidepressant medication in depression and anxiety disorders: a meta-analysis. *World Psychiatry, 13,* 56–67.

Denys, D., Fineberg, N., Carey, P.D. & Stein, D.J. (2007). Quetiapine addition in obsessive-compulsive disorder: is treatment outcome affected by type and dose of serotonin reuptake inhibitors? *Biological Psychiatry, 61,* 412–414.

Dilling, H., Mombour, W. & Schmidt, M.H. (Hrsg.). (2010). *Internationale Klassifikation psychischer Störungen. ICD-10 Kapitel V (F)* (7. Auflage). Bern: Huber.

DSM-IV Diagnostisches und Statistisches Manual Psychischer Störungen TR (2003). Hrsg. von H. Saß, H.-U. Wittchen, M. Zaudig & I. Houben. Göttingen: Hogrefe.

Fournier, J.C., DeRubeis, R.J., Hollon, S.D., Dimidjian, S., Amsterdam, J.D., Shelton, R.C. & Fawcett, J. (2010). Antidepressant drug effects and depression severity: a patient-level meta-analysis. *Journal of the American Medical Association, 303,* 47–53.

Fritze, J. (2001). Neue Optionen zur Rezidivprophylaxe affektiver Störungen. *Deutsches Ärzteblatt, 98,* 2289–2292.

Gibbons, R.D., Hur, K., Brown, C.H. & Mann, J.J. (2006). The relationship between antidepressant prescription rates and rate of early adolescent suicide. *American Journal of Psychiatry, 163,* 1898–1904.

Gibbons, R.D., Hur, K., Brown, C.H. & Mann, J.J. (2009). Relationship between antiepileptic drugs and suicide attempts in patients with bipolar disorder. *Archives of General Psychiatry, 66,* 1354–1360.

Glenn, A.L. & Raine, A. (2008). The neurobiology of psychopathy. *Psychiatric Clinics of North America, 31,* 363–375.

Grosshans, M., Mutschler, J., Hermann, D., Klein, O., Dressing, H., Kiefer, F. & Mann, K. (2010). Pregabalin abuse, depence, and withdrawal: a case report. *American Journal of Psychiatry, 167,* 869.

Herpertz, S., Hagenah, U., Vocks, S., von Wietersheim, J., Cuntz, U. & Zeeck, A. (2011). Diagnostik und Therapie von Essstörungen. *Deutsches Ärzteblatt, 108,* 678–685.

Himmerich, H., Schuld, A. & Pollmächer, T. (2005). Gewichtszunahme unter Psychopharmakotherapie. *Deutsches Ärzteblatt, 102,* 1735–1740.

Howes, O.D. & Kapur, S. (2009). The dopamine hypothesis: version III – the final common pathway. *Schizophrenia Bulletin, 35,* 549–562.

ICD-10 Internationale Klassifikation psychischer Störungen (2010). *Kapitel V (F).* Hrsg. von H. Dilling, W. Mombour & M.H. Schmidt (7. Auflage). Bern: Huber.

Jonas, D.E., Amick, H.R., Feltner, C., Bobashev, G., Thomas, K., Wines, R., Kim, M.M., Shanahan, E., Gass, C.E., Rowe, C.J. & Garbutt, A.J. (2014). Pharmacotherapy for adults with alcohol use disorders in outpatient settings: a systematic review and meta-analysis. *Journal of the American Medical Association, 311,* 1889–1900.

Kessing, L.V., Hellmund, G., Geddes, J.R., Goodwin, G.M. & Andersen, P.K. (2011). Valproate v. lithium in the treatment of bipolar disorder in clinical practice: observational nationwide register-based cohort study. *British Journal of Psychiatry, 199,* 57–63.

Kessing, L.V., Vradi, E. & Andersen, P.K. (2014). Starting lithium prophylaxis early v. late in bipolar disorder. *British Journal of Psychiatry, 205,* 214–220.

Khin, N.A., Chen, Y.F., Yang, Y., Yang, P. & Laughren, T.P. (2011). Exploratory analyses of efficacy data from major depressive disorder trials submitted to the US Food and Drug Administration in support of new drug applications. *Journal of Clinical Psychiatry, 72,* 462–472.

Köhler, T. (2005). *Biologische Grundlagen psychischer Störungen* (2. Auflage). Göttingen: Hogrefe.

Köhler, T. (2010a). *Medizin für Psychologen und Psychotherapeuten in Fragen und Antworten* (2. Auflage). Tübingen: dgvt-Verlag.

Köhler, T. (2010b). *Biopsychologie: Ein kurz gefasstes Lehrbuch.* München: CIP-Medien.

Köhler, T. (2010c). Beitrag zur Fortbildung: Biologische Grundlagen psychischer Störungen (1. Teil: Demenzformen). *Verhaltenstherapie & Verhaltensmedizin, 31,* 288–304.

7 Literatur

Köhler, T. (2012). *Psychische Störungen: Symptomatologie, Erklärungsansätze, Therapie* (2. Auflage). Stuttgart: Kohlhammer.
Köhler, T. (2014a). *Medizin für Psychologen und Psychotherapeuten. Orientiert an der Approbationsordnung für Psychologische Psychotherapeuten* (3. Auflage). Stuttgart: Schattauer.
Köhler, T. (2014b). *Rauschdrogen und andere psychotrope Substanzen.* Tübingen: dgvt-Verlag.
Köhler, T. (2014c). *Pharmakotherapie in der Psychotherapie. Ein Kompendium für Psychologen und psychologische Psychotherapeuten* (5. Auflage). Lengerich: Pabst.
Köhler, T. (2014d). *Das Werk Sigmund Freuds* (2. Auflage). Lengerich: Pabst.
Krause, J. (2007). Die Aufmerksamkeitsdefizit-/Hyperaktivitätsstörung bei Erwachsenen. *Fortschritte der Neurologie und Psychiatrie, 75,* 293–305.
Leon, A.C., Solomon, D.A., Chunshan, L., Fiedorowicz, J.G., Coryell, W.H., Endicott, J. & Keller, M.B. (2012). Antiepileptic drugs for bipolar disorder and the risk of suicidal behavior: a 30-year observational study. *American Journal of Psychiatry, 169,* 285–291.
Lindberg, N., Tani, P., Virkkunen, M., Porkka-Heiskanen, T., Appelberg, B., Naukkarinen, H. & Salmi, T. (2005). Quantitative electroencephalographic measures in homicidal men with antisocial personality disorder. *Psychiatry Research, 136,* 7–15.
Ma, D., Zhang, Z., Zhang, X. & Li, L. (2014). Comparative efficacy, acceptability, and safety of medicinal, cognitive-behavioral therapy, and placebo treatments for acute major depressive disorder in children and adolescents: a multiple-treatments meta-analysis. *Current Medical Research and Opinion, 30,* 971–995.
Maisel, N.C., Blodgett, J.C., Wilbourne, P.L., Humphreys, K. & Finney, J.W. (2013). Meta-analysis of naltrexone and acamprosate for treating alcohol use disorders: when are these medications most helpful? *Addiction, 108,* 275–293.
Maj, M., Pirozzi, R., Magliano, L. & Bartoli, L. (1998). Long-term outcome of lithium prophylaxis of 402 patients at a lithium clinic. *American Journal of Psychiatry, 155,* 30–35.
Mann, K., Kiefer, F., Spanagel, R. & Littleton, J. (2008). Acamprosate: recent findings and future research directions. *Alcoholism, 32,* 1105–1110.
Olivares, D., Deshpande, V.K., Shi, Y., Lahiri, D.K., Greig, N.H., Rogers, J.T. & Huang, X. (2012). N-methyl D-aspartate receptor antagonists and memantine treatment for Alzheimer's disease, vascular dementia and Parkinson's disease. *Current Alzheimer Research, 9,* 746–758.
Panksepp, J. (1979). A neurochemical theory of autism. *Trends in Neurosciences, 2,* 174–177.
Philipsen, A., Heßlinger, B. & van Elst, T. (2008). Aufmerksamkeitsdefizit-Hyperaktivitätsstörung im Erwachsenenalter. *Deutsches Ärzteblatt, 105,* 311–317.
Pilc, A., Wierońska, J.M. & Skolnick, P. (2013). Glutamate-based antidepressants: preclinical psychopharmacology. *Biological Psychiatry, 73,* 1125–1132.
Pinto, L.R., Seabra, M. & Tufik, S. (2004). Different criteria of sleep latency and the effect of melatonin on sleep consolidation. *Sleep, 27,* 1089–1092.

Rodrigo, C., Rajapakse, S. & Jagananda, G. (2010). The 'antisocial' person: an insight in to biology, classification and current evidence on treatment. *Annals of General Psychiatry, 9,* 31–43.

Rösing, D., Klebingat, K.J., Berberich, H.J., Bosinski, H.A., Loewit, K. & Beier, K.M. (2009). Sexualstörungen des Mannes. *Deutsches Ärzteblatt, 106,* 821–828.

Schulte-Körne, G. & Allgaier, A.K. (2008). Genetik depressiver Störungen. *Zeitschrift für Kinder- und Jugendpsychiatrie und Psychotherapie, 36,* 27–48.

Stewart, J.A., Deliyannides, D.A., Hellerstein, D.J., McGrath, P.J. & Stewart, J.W. (2012). Can people with nonsevere major depression benefit from antidepressant medication? *Journal of Clinical Psychiatry, 73,* 518–525.

Trendelenburg, M., Bschor, T. & Bauer, M. (2006). Behandlung depressiver Episoden bei bipolaren Störungen. In H.J. Assion & W. Vollmoeller (Hrsg.), *Handbuch Bipolare Störungen* (S. 123–133). Stuttgart: Kohlhammer.

Umbricht, D., Alberati, D., Martin-Facklam, M., Borroni, E., Youssef, E.A., Ostland, M., Wallace, T.L., Knoflach, F., Dorflinger, E., Wettstein, J.G., Bausch, A., Garibaldi, G. & Santarelli, L. (2014). Effect of Bitopertin, a glycine reuptake inhibitor, on negative symptoms of schizophrenia: a randomized, double-blind, proof-of-concept study. *JAMA Psychiatry, 71,* 637–646.

Vaiva, G., Boss, V., Ducrocq, F., Fontaine, M., Devos, P., Brunet, A., Laffargue, P., Goudemand, M. & Thomas, P. (2006). Relationship between posttrauma GABA plasma levels and PTSD at 1-year follow-up. *American Journal of Psychiatry, 163,* 1446–1448.

Walker, E.F. & Gale, S. (1995). Neurodevelopmental processes in schizophrenia and schizotypal personality disorder. In: A. Raine, T. Lencz & S.A. Mednick (Eds.), *Schizotypal personality* (pp. 56–75). Cambridge: Cambridge University Press.

Wright, B.M., Eiland, E.H. & Lorenz, R. (2013). Augmentation with atypical antipsychotics for depression: a review of evidence-based support from the medical literature. *Pharmacotherapy, 33,* 344–359.

Yerevanian, B.I. & Choi, Y.M. (2013). Impact of psychotropic drugs on suicide and suicidal behaviors. *Bipolar Disorders, 15,* 594–621.

Zhang, J.P., Gallego, J.A., Robinson, D.G., Malhotra, A.K., Kane, J.M. & Correll, C.U. (2013). Efficacy and safety of individual second-generation vs first-generation antipsychotics in first episode psychosis: a systematic review and meta-analysis. *International Journal of Psychopharmacology, 16,* 1205–1218.

8

Sachregister

Abhängigkeit 69ff.

Absetzpsychosen 38, 88

Acetylcholin, A.rezeptoren 18ff., 27f., 35, 40ff., 66ff., 80ff.

Acetylcholinesterase (Cholinesterase), A.hemmer 19, 27, 66ff., 80ff.

Acetylcholinhypothese der Alzheimer-Demenz 66, 81

ADS, ADHS 14, 23, 38, 114f.

affektive Störungen 32ff., 39, 51ff., 90ff., s. auch Depression, Manie

Aggressivität 26, 60

Agonismus, agonistische Effekte 19f.

Agoraphobie 99f.

AIDS-Demenz 66, 80

Akathisie 36, 89

Akkommodationsstörungen 44f.

Alkohol 69ff., 84ff.
    A.abhängigkeit 13f., 70ff., 84f.
    A.delir, s. A.entzugssyndrom
    A.entzugssyndrom 21, 25, 34, 39, 69ff., 84

Alzheimer-Fibrillen 81

Alzheimer-Krankheit 14, 27, 66ff., 79ff.

Aminosäuretransmitter 21ff.

Aminpräkursoren 49

Amphetamine 19f., 24, 75f., 92

Amyloid, A.plaques 81

Angststörungen 22, 46, 51, 56, 98ff.

Anorexia nervosa 104ff.

Antagonismus, antagonistische Effekte 19f.

anticholinerge Effekte 35, 37, 40ff., 47, 94

Anticholinergika 20, 37, 35ff., 89

Anti-Craving-Mittel 29, 70f.

Antidementiva, s. Nootropika

Antidepressiva 25, 39ff., 88, 93ff., s. auch MAO-Hemmer, selektive Serotonin-Wiederaufnahmehemmer, tetrazyklische A., trizyklische A.

Antihistaminika 44, 56, 65, 95, 106f.

Antiinsomnika, s. Hypnotika

Antikonvulsiva 51ff., 59f., 93ff.

Antimanika 34, 39, 51ff., 93

Antipsychotika, s. Neuroleptika

antisoziale Persönlichkeitsstörung, s. dissoziale Persönlichkeitsstörung

Antriebssteigerung (bei Behandlung mit Antidepressiva) 41, 48f., 95

Anxiolyse 55ff., 98f.

Anxiolytika 55ff., 98f.

atypische Neuroleptika, s. Neuroleptika

Aufmerksamkeitsdefizit-Hyperaktivitätsstörung, s. ADHS

Augeninnendruck 63

Augmentation 34, 50, 93, 95

Autismus (frühkindlicher), s. frühkindlicher Autismus

Barbiturate 22, 56

Basalganglienhypothese der Zwangsstörungen 103

Belohnungssystem 24, 29

Benzodiazepine, B.rezeptoren 20, 22, 50, 56, 58ff., 72, 84, 105ff.

beta-Rezeptoren 19, 62

beta-Rezeptorenblocker (Betablocker) 19f., 62, 98, 102

bipolare Störung 14, 90f., s. auch affektive Störungen, Depression, Manie

Borderline-Persönlichkeitsstörung 29, 110f.

Bulimia nervosa 43, 51, 104ff.

Butyrophenone 33

Cannabis 86

Carrierproteine 18f., 44ff.

Cholinacetyltransferase 66, 81

8 Sachregister

Cholinesterase, s. Acetylcholinesterase

Cholinesterasehemmer, s. Acetylcholinesterasehemmer

Craving 70, 84

Creutzfeldt-Jakob-Krankheit 66, 80

D_2-Rezeptoren 23f., 34f., 86

D_4-Rezeptoren 23f., 35

demenzielles Syndrom 61, 65ff.

Demenz vom Alzheimer Typus (DAT), s. Alzheimer-Krankheit

Demenzen 14, 61, 79ff.

Depression 15, 90ff.
    Behandlung 39, 51f., 93f.
    biologische Grundlagen 21, 24, 91f.
    Symptome 90f.

depressives Syndrom 90f.

dissoziale (antisoziale) Persönlichkeitsstörung 111f.

Dopamin, D.rezeptoren 18, 20, 23ff., 37, 86ff., 110, 115

Dopaminhypothese der Schizophrenie 86

Dopamintransporter 23, 115

down-regulation 41, 94f., 104

Dyskinesien 35f., 88f.

dysthyme Störung (Dysthymia) 91

Ejaculatio praecox 107

EKT, Elektrokrampfbehandlung 87, 94

emotional instabile Persönlichkeitsstörung vom Borderline-Typus, s. Borderline-Persönlichkeitsstörung

endogene Opioide 28f., 102

Endorphine 28

Entgiftungsmittel 70ff.

Entwöhnungsmittel 70ff.

erektile Dysfunktion 108

Essattacken 108

Essstörungen 40, 104ff., s. auch Anorexia nervosa, Bulimia nervosa

Ethanol, s. Alkohol

extrapyramidal-motorische Störungen 31ff., 38, 88f., 97

first-pass-Effekt 74

flashbacks (Nachhallerinnerungen) 101

floppy-infant-Syndrom 62

frontotemporale Demenz 66

Frühdyskinesien (dyskinetisches Syndrom) 35f., 88f.

frühkindlicher Autismus 29, 34, 39, 113f.

GABA (gamma-Aminobuttersäure) 20ff., 55ff., 100f.

$GABA_A$-Rezeptor, $GABA_A$-Benzodiazepinrezeptor-Komplex 22, 55f., 72, 98, 100ff.

$GABA_B$-Rezeptor 22

Galaktorrhö 37, 89

gamma-Aminobuttersäure, s. GABA

Gedächtnisstörungen 60, 65f.

Generalisierte Angststörung 43, 56, 63, 100f.

Gewichtszunahme (unter Medikamenteneinnahme) 32f., 37f., 47, 89, 94, 98, 131

Ginkgo (biloba) 67f., 82

Glutamat 21, 69, 72, 82, 86

H_1-Rezeptoren, s. Histaminrezeptoren

Halluzinationen 31f., 85, 90

Hangover 63, 106

Harnverhaltung 45, 47, 94

heterozyklische Antidepressiva, s. tetrazyklische Antidepressiva

Histamin, H.zeptoren 22, 35, 44, 48f.

5-HT, s. Serotonin

Huntington-Krankheit 65

5-Hydroxy-Tryptamin (5-HT), s. Serotonin

Hyperaktivitäts-Störung, s. ADHS

Hypersomnien 106

Hypnotika 55ff.

Hypothyreose 90

8 Sachregister

Ichstörungen 85

Impotenz, s. erektile Dysfunktion

Indolamine 23

Insomnien 106f.

Jetlag 56f., 65

Johanniskraut 41f., 49, 94

Kanner'sches Autismus-Syndrom, Kanner-Syndrom, s. frühkindlicher Autismus

Katatonie 32f., 85

Katecholamine 22

Katecholaminhypothese affektiver Störungen 25, s. auch Monoaminhypothese affektiver Störungen

Kawa (Kawa-Kawa) 57, 63

Ketamin 21

Koffein 75

Kokain 20, 23f.

Krampfschwelle (Senkung unter Antidepressiva und Neuroleptika) 47, 72, 84, 94

L-Dopa 20, 23f., 35

Levomethadon, s. L-Methadon

Lewy-Körper-Demenz 66

L-5-Hydroxy-Tryptophan, s. 5-Hydroxy-Tryptophan

Lichttherapie 94

Lithiumaugmentation 50, 52, 93, 95

Lithiumsalze 50ff., 90ff.

Locus caeruleus (coeruleus) 25, 100, 102

L-Tryptophan, s. Tryptophan

Major Depression, s. Depression

malignes neuroleptisches Syndrom 89

Manie 13, 43, 51, 59, 90f.

manische Episoden, manisches Syndrom 43, 90f.

MAO (Monoaminoxidase) 23f., 40, 48f., 92ff.

MAO-A 23f., 48f., 94

MAO-B 23f., 48f.

MAO-Hemmer 40ff., 48f., 92ff.

Melatonin 46, 57

mesotelencephales dopaminerges Belohnungssystem 24, 29

metabolische Nebenwirkungen 55

Methadon, M.substitution 70

Methamphetamin 19f., 24

Milchfluss, s. Galaktorrhö

Minussymptomatik, s. Negativsymptomatik

Monoamine, M.transmitter 22ff., 91

Monoaminhypothese affektiver Störungen 91f.

Monoaminoxidase, s. MAO

Mundtrockenheit 45

muskarinerge Acetylcholinrezeptoren 18

Nachhallerinnerungen 101

Narkolepsie 75

Negativsymptomatik 31f., 85

neozyklische Antidepressiva, s. tetrazyklische Antidepressiva

nervöse Magersucht, s. Anorexia

nervosa

Neuroleptika 20, 24, 26, 31ff., 50, 72, 84, 87ff.

neuroleptisches Parkinson-Syndrom 34f.

neuroleptisches Syndrom (malignes) 38

Neuropeptide, N.transmitter 28f.

Neurotransmitter, s. Transmitter

Nicht-Benzodiazepinhypnotika 56f., 64, 107

Nikotin 18, 23, 27

nikotinerge Acetylcholinrezeptoren 18

NMDA-Antagonisten 67, 69, 82

NMDA-Rezeptor 21, 35, 67, 69, 72, 85, 88

Non-Benzodiazepinhypnotika, s. Nicht-Benzodiazepinhypnotika

8 Sachregister

Nootropika 65ff., 80ff.

Noradrenalin, N.rezeptoren 20, 23ff., 92f., 100

Nucleus accumbens 24, 29

Obstipation 37, 94

Opiatantagonisten 28, 71, 74, 83, 113

Opiate, Opioide 28f., 74, 114

Opiatrezeptoren 72ff.

Opioidhypothese des frühkindlichen Autismus 29, 114

orthostatische Hypotonie 45

Panikattacken, P.störung 43, 99ff.

Parasympathikus, parasympathisches Nervensystem 27, 69, 82

Parkinsonoid, s. Parkinson-Syndrom

Parkinson-Krankheit 35, 67, 80

Parkinson-Syndrom 34f.

Peptidtransmitter, s. Neuropeptide

Persönlichkeitsstörungen 43, 108ff.

Phasenprophylaktika, Phasenprophylaxe (affektiver Störungen) 91ff.

Phenothiazine 33, 43

Phobien 43, 99

Phosphodiesterase, P.hemmer 108

Pick-Krankheit 66, 80

Plussymptomatik, s. Positivsymptomatik

Positivsymptomatik (der Schizophrenie) 31ff., 85

posttraumatische Belastungsstörung 29, 43, 61f., 101f.

präsynaptische Autorezeptoren 44

Produktivsymptomatik, s. Positivsymptomatik

Prolactin 24, 37

Provokation manischer Episoden 43, 47, 51, 95

psychomotorische Symptome 85

Psychopathie, s. dissoziale Persönlichkeitsstörung

Psychostimulanzien 14, 75ff.

psychotische Symptomatik 85ff., 90f., s. auch Positivsymptomatik (der Schizophrenie)

QT-Zeit-Verlängerung 37

rapid cycling 53, 55, 90, 98
Residualzustand 85
Reuptake, R.hemmung 18f., 75, 92ff., 102
Rezeptorblockade 17ff.
Rezeptoren 17ff., s. auch Acetylcholinr., Dopaminr., GABAr., Noradrenalinr., Serotoninr.
rezidivierende (unipolare) depressive Störung, s. Depression

Schilddrüsenhormone 50, 93, 95
schizoaffektive Störungen 26, 89f.
Schizophrenie 14, 21, 23f., 31ff., 85ff.
    Behandlung 31ff., 87ff.
    biologische Grundlagen 21, 86f.
    Symptome 85f.
Schizophreniespektrumsstörungen 110
schizotypische Persönlichkeitsstörung (Schizotypie) 103f.
Schlafentzug (therapeutischer) 94f.
Schlafmittel, s. Hypnotika
Schlafstörungen 106f.
Schmerz, S.behandlung 40, 43f., 51
Sedativa 55ff., s. auch Anxiolytika
Sedierung 41, 53, 55ff., 95
selektive Serotonin-Reuptake-Inhibitoren (SSRI), selektive Serotonin-Wiederaufnahmehemmer 26, 40ff., 94f.
senile Demenz vom Alzheimer-Typus (SDAT), s. Alzheimer-Krankheit
Serotonin, S.rezeptoren 23, 25f., 53, 55ff., 92f., 98ff., 111f.
Serotoninhypothese der Zwangsstörungen 26, 103
Serotoninmangelhypothese der Depression 26, 91
Serotoninpräkursoren 41ff., 49, 56
Serotoninsyndrom (zentrales) 95
sexuelle Funktionsstörungen 45ff., 86, 95, 108f.
soziale Phobie 99f.
Soziopathie, s. dissoziale Persönlichkeitsstörung
Spätdyskinesien 35f., 87, 97
Spielsucht 112

8 Sachregister

SSRI, s. selektive Serotonin-Wiederaufnahmehemmer
Stimmungsstabilisierer, s. Phasenprophylaktika
Substitutionsmittel 70ff.
Sucht, s. Abhängigkeit
Suizidgefährdung, S.provokation 41, 48, 51f., 91, 96
Sympathikus, sympathisches Nervensystem 27, 75
Synapsen, synaptische Übertragung 17ff.

tardive Dyskinesien, s. Spätdyskinesien
tetrazyklische Antidepressiva 40ff.
therapeutische Breite 53
Thioxanthene 33
Tic-Störungen 34, 39
Tourette-Syndrom 34
Tranquilizer 55
Transmitter 13ff., s. auch Acetylcholin, Dopamin, GABA, Glutamat, Noradrenalin, Serotonin
Transporter, s. Carrierproteine
Trijodthyronin (T_3) 50
trizyklische Antidepressiva 25, 40ff., 94ff., 100ff.
Tryptophan (L-Tryptophan) 25f., 41ff., 49, 56
Tyramin 22f., 48f.
TZA, s. trizyklische Antidepressiva

Ungleichgewichtshypothesen affektiver Störungen 25ff., 92

Vaskuläre Demenz 66f., 82f.
vegetatives Nervensystem 27

Wahn 85, 90

Yohimbin 108

zentrales Serotonin-Syndrom, s. Serotonin-Syndrom
Zwangsstörung 34, 43, 46, 53, 102ff.

9

Verzeichnis von Pharmaka und Handelsnamen

Abilify, s. Aripiprazol

Acamprosat 70f., 84, 113

Adepend, s. Naltrexon

Adumbran, s. Oxazepam

Agomelatin 40ff.

Akineton, s. Biperiden

Alprazolam 59

Amisulprid 33, 37

Amitriptylin 40, 42, 94

Amitriptylinoxid 42

Amphetamin 75f., 115

Anafranil, s. Clomipramin

Anexate, s. Flumenazil

Antabus, s. Disulfiram

Antalon, s. Pimozid

Anxut, s. Buspiron

Aponal, s. Doxepin

Ardeytropin, s. Tryptophan

Aricept, s. Donepezil

Ariclaim, s. Duloxetin

Aripiprazol 33

Arminol, s. Sulpirid

Asenapin 33

Atarax, s. Hydroxyzin

Atomoxetin 76, 116

Atosil, s. Promethazin

Attentin, s. Amphetamin

Aurorix, s. Moclobemid

Axura, s. Memantine

Baldrian 57

Benperidol 33

Bikalm, s. Zolpidem

Biperiden 35, 89

Bromazanil, s. Bromazepam

Bromazepam 59

Bromocriptin 20

Bromperidol 33

Brotizolam 59

Buprenorphin 71, 74f.

Bupropion 40ff., 71, 73

Busp, s. Buspiron

Buspiron 26, 56f., 62f., 98, 100f.

Campral, s. Acamprosat

Carbamazepin 51ff., 93, 98

Cassadan, s. Alprazolam
Catapresan, s. Clonidin
Cesradyston, s. Johanniskraut
Champix, s. Vareniclin
Chloraldurat, s. Chloralhydrat
Chloralhydrat 57, 64, 107
Chlordiazepoxid 59
Chlorpromazin 31, 33
Chlorprothixen 33
Cialis, s. Tadalafil
Ciatyl-Z, s. Zuclopenthixol
Cipralex, s. Escitalopram
Cipramil, s. Citalopram
Circanol, s. Co-dergocrin
Citalopram 42, 47, 94, 100
Clobazam 57
Clomethiazol 57, 64, 70f., 84, 107
Clomipramin 26, 33, 40, 42, 46, 94, 100, 103
Clonazepam 37
Clonidin 71, 84, 102
Clozapin 31, 33f., 37, 52, 87
Co-dergocrin 68
Concerta, s. Methylphenidat
Convulex, s. Valproinsäure
Cras, s. Buprenorphin
Cyban, s. Bupropion
Cymbalta, s. Duloxetin

Dacoren, s. Co-dergocrin
Dalmadorm, s. Flurazepam
Dapotum, s. Fluphenazin
Dapoxetin 47, 107

Decentan, s. Perphenazin
Demetrin, s. Prazepam
Desipramin 440, 43
Diazepam 22, 59, 98
Dihydroergotoxin 68
Dikaliumclorazepat 59
Diphenhydramin 57
Dipiperon, s. Pipamperon
Distraneurin, s. Clomethiazol
Disulfiram 70f.
Dogmatil, s. Sulpirid
Dolestan, s. Diphenhydramin
Dominal, s. Prothipendyl
Donepezil 68, 81
Doneurin, s. Doxepin
Doxepin 33
Doxylamin 57, 64
Duloxetin 40ff.

Ebixa, s. Memantine
Edronax, s. Reboxetin
Elontril, s. Bupropion
Elvanse, s. Amphetamin
Encephabol, s. Pyritinol
Equasym, s. Methylphenidat
Equilibrin, s. Amitriptylinoxid
Ergenyl chrono, s. Valproinsäure
Ergenyl chronosphere, s. Valproinsäure
Escitalopram 42, 47, 94, 100f., 103
Esbericum, s. Johanniskraut
espa-dorm, s. Zopiclon
Espa-lepsin, s. Carbamazepin

9 Verzeichnis von Pharmaka und Handelsnamen

Esparon, s. Alprazolam
Eunerpan, s. Melperon
Exelon, s. Rivastigmin

Felis, s. Johanniskraut
Fevarin, s. Fluvoxamin
Finlepsin, s. Carbamazepin
Fluanxol, s. Flupentixol
Flumazenil 60
Flunitrazepam 59
Fluoxetin 42, 94, 106
Flupentixol 33
Fluphenazin, Fluphenazindecanoat 33
Flurazepam 59
Fluspi, s. Fluspirilen
Fluspirilen 33
Fluvoxamin 42, 94
Fluxet, s. Fluoxetin
Frisium, s. Clobazam

Galantamin 68, 81
Ginkgo biloba 68, 82
Gladem, s. Sertralin
Glianimon, s. Benperidol

Halcion, s. Triazolam
Haldol-Janssen, s. Haloperidol
Haloperidol 33, 39, 84
Herphonal, s. Trimipramin
Hopfen 57

Hydergin, s. Co-dergocrin
Hydroxyzin 57
Hyperforat, s. Johanniskraut
Hypericum, s. Johanniskraut
Hypnorex retard, s. Lithiumcarbonat

Imap, s. Fluspirilen
Imipramin 33, 40, 94
Insidon, s. Opipramol
Invega, s. Paliperidon

Jarsin, s. Johanniskraut
Jatrosom, s. Tranylcypromin
Johanniskraut 42, 94

Kalma, s. Tryptophan
Kawa (Kawa-Kawa) 57, 63
Kira, s. Johanniskraut

Laif, s. Johanniskraut
Lamictal, s. Lamotrigin
Lamotrigin 51f.
L-Dopa 20, 23f., 35
Lendormin, s. Brotizolam
Leponex, s. Clozapin
Leptilan, s. Valproinsäure
Levitra, s. Vardenafil
Levomepromazin 33
Levomethadon (L-Methadon) 71, 74f.

Lexotanil, s. Chlordiazepoxid

Lithiophor, s. Lithiumsulfat

Lithiumacetat 52

Lithiumaspartat 52

Lithiumcarbonat 52

Lithiumsulfat 52

L-Methadon, s. Levomethadon

Loprazolam 59

Lorazepam 59

Lormetazepam 59

L-Polamidon, s. Levomethadon

L-Tryptophan, s. Tryptophan

Ludiomil, s. Maprotilin

Lyrica, s. Pregabalin

Maprotilin 42, 46, 94

Mareen, s. Doxepin

Medazepam 59

Medikinet, s. Methylphenidat

Megaphen, s. Chlorpromazin

Melatonin 56f., 65, 107

Melleril, s. Thioridazin

Melneurin, s. Melperon

Melperon 33

Memantine 68, 82

Meprobamat 56f.

Methaddict, s. Methadon

Methadon 71, 74f.

Methaqualon 56f.

Methylphenidat 14, 23, 75f., 115f.

Mianserin 42, 94

Mirtazepin 40ff., 94, 96

Moclix, s. Moclobemid

Moclobemid 40ff., 48, 94f., 99

Modafinil 76, 115

Mogadan Roche, s. Nitrazepam

Multum, s. Chlordiazepoxid

Naloxon 74, 83

Naltrexon 70f., 84

Nemexin, s. Naltrexon

Neurocil, s. Levomepromazin

Neuroplant, s. Johanniskraut

Nicergolin 68

Nikotinpflaster 70

Nimodipin 68, 82

Nimotop, s. Nimodipin

Nitrazepam 59

Noctamid, s. Lormetazepam

Nootrop, s. Piracetam

Normabrain, s. Piracetam

Nortrilen, s. Nortriptylin

Nortriptylin 33

Olanzapin, O.pamaot 33f., 37, 52, 55, 58, 87f.

Omca, s. Fluphenazin

Opipramol 56f., 65

Optidorm, s. Zopiclon

Orap, s. Pimozid

Orfiril long, s. Valproinsäure

Oxazepam 59

Paliperidon 33

ParoLich, s. Paroxetin

9 Verzeichnis von Pharmaka und Handelsnamen

Paroxetin 42, 94, 100f., 103

Pemolin 76, 115

Perazin 33

Perphenazin 33

Pimozid 33

Pipamperon 33

Piracetam 68

Planum, s. Temazepam

Pravidel, s. Bromocriptin

Prazepam 59

Pregabalin 56f., 63f., 98, 101

Priligy, s. Dapoxetin

Promethazin 57, 65

Propaphenin, s. Chlorpromazin

Protactyl, s. Promazin

Prothipendyl 33

Psychotonin 300, s. Johanniskraut

Pyritinol 68

Quetiapin 33f., 38, 52, 87

Quilonum retard, s. Lithiumcarbonat

Quilonum, s. Lithiumacetat

Radepur, s. Chlordiazepoxid

Reboxetin 40ff.

Remergil, s. Mirtazepin

Remestan, s. Temazepam

Reminyl, s. Galantamin

Remotiv, s. Johanniskraut

Risperdal, s. Risperidon

Risperidon 33, 37, 52, 87, 114

Ritalin, s. Methylphenidat

Rivastigmin 68, 81

Rivotril, s. Clonazepam

Rohypnol, s. Flunitrazepam

Rudotel, s. Medazepam

Saroten, s. Amitriptylin

Sedaplus, s. Doxylamin

Sedovegan novo, s. Diphenhydramin

Serdolect, s. Sertindol

Sermion, s. Nicergolin

Seroquel, s. Quetiapin

Seroxat, s. Paroxetin

Sertindol 33

Sertralin 42, 94, 96, 103

Sildafenil 108

Sirtal, s. Carbamazepin

Solvex, s. Reboxetin

Somnosam, s. Zopiclon

Sonata, s. Zaleplon

Sonin, s. Loprazolam

Spilan, s. Johanniskraut

Stangyl, s. Trimipramin

Staurodorm Neu, s. Flurazepam

Stilnox, s. Zolpidem

Strattera, s. Atomoxetin

Suboxone, s. Buprenorphin

Subutex, s. Buprenorphin

Sulpirid 33

Sycrest, s. Asenapin

Syneudon, s. Amitryptylin

Tadalafil 108

Tafil, s. Alprazolam

Tagonis, s. Paroxetin

Taractan, s. Chlorprothixen

Tavor, s. Lorazepam

Taxilan, s. Perazin

Tebonin, s. Ginkgo biloba

Tegretal, s. Carbamazepin

Temazepam 59

Texx, s. Johanniskraut

Thioridazin 33

Thombran, s. Trazodon

Tiaprid 36, 89

Tiapridex, s. Tiaprid

Timonil, s. Carbamazepin

Tofranil, s. Imipramin

Tradon, s. Pemolin

Tranxilium, s. Dikaliumclorazepat

Tranxilium N, s. Nordazepam

Tranylcypromin 42, 48

Trazodon 42, 94

Trevilor retard, s. Venlafaxin

Triazolam 59

Trimipramin 33, 40, 42

Truxal, s. Chlorprothixen

Tryptophan 42, 57, 64, 107

Valdoxan, s. Agomelatin

Valium, s. Diazepam

Valproinsäure (Valproat) 51f., 55, 93, 98

Vardenafil 108

Vareniclin 71ff.

Venlafaxin 40ff., 94, 100f.

Venlasan, s. Venlafaxin

Viagra, s. Sildenafil

Vigil, s. Modafinil

Vivinox, s. Diphenhydramin

Xanax, s. Alprazolam

Ximovan, s. Zopiclon

Yohimbin 108

Zaleplon 56f., 64, 107

Zeldox, s. Ziprasidon

Ziprasidon 33

Zoloft, s. Sertralin

Zolpidem 56f., 64, 107

Zopiclon 56f. 64, 107

Zuclopenthixol, Z.decanoat 33

Zyban, s. Bupropion

Zypadhera, s. Olanzapinpamoat

Zyprexa, s. Olanzapin

Ulrike Borst
Systemische Therapie

**Handwerk der Psychotherapie
Band 1**
hrsg. von Arist von Schlippe
2013 | 136 Seiten | 19,80 Euro
ISBN 978-3-86333-001-9

Was hat die systemische Therapie gemeinsam mit anderen Therapieverfahren, worin unterscheidet sie sich? Was kann sie besonders gut, und was können sich Vertreter anderer Verfahren erhoffen, wenn sie systemische Methoden lernen und anwenden?

Dieses Buch liefert die Antworten, untermauert mit vielen Praxisbeispielen. Ultrakurz zusammengefasst lauten sie: Systemische Therapie ist wirksam bei beinahe allen bio-psycho-sozialen Problemlagen, besonders hilfreich jedoch zur Ent-Pathologisierung, Kontextualisierung und Ressourcenaktivierung. Sie fördert das Verständnis zirkulärer Zusammenhänge und macht Gespräche mit mehreren Teilnehmern leicht.

Hechinger Str. 203 | 72072 Tübingen
Tel.: 07071 - 77 03 99
mail@psychotherapie-verlag.com
www.Psychotherapie-Verlag.com

Psychotherapie-Verlag

Luise Reddemann & Jana Stasing
Imagination

**Handwerk der Psychotherapie
Band 2**
hrsg. von Ulrich Streeck
2013 | 128 Seiten | 19,80 Euro
ISBN 978-3-86333-002-6

Imaginationen sind eine Quelle, aus der die Menschen seit Urzeiten Kraft und Wissen schöpfen und Heilung erfahren können. Was wir uns vorstellen, hat eine ähnliche Wirkung wie das, was wir denken oder tun. Vorstellungskraft ist eine Ressource, die bei fast jedem Menschen vorhanden ist und sich als Werkzeug für eine ressourcenorientierte therapeutische Arbeit anbietet.

Veränderungsprozesse im Verhalten und seelische Gesundheit fußen insbesondere auf Vorstellungen und Imaginationen: Sie verknüpfen kognitives, affektives und körperliches Erleben. Dieses Buch zeigt gezielt auf, wie imaginative Elemente in der Psychotherapie erkennbar und nutzbar gemacht werden können und welche sich als hilfreich und heilsam erweisen. Es möchte anhand vieler Beispiele Mut machen, mit diesen Möglichkeiten zu arbeiten und vermittelt die dazu nötigen Werkzeuge, wie Imaginationen als Ressource genutzt werden können und zu mehr Glück, Zufriedenheit und Inspiration führen.

Hechinger Str. 203 | 72072 Tübingen
Tel.: 07071 - 77 03 99
mail@psychotherapie-verlag.com
www.Psychotherapie-Verlag.com

Psychotherapie-Verlag